1ドル65円、日経平均9000円時代の到来

2020年までの大波乱を乗り越える投資戦略

江守 哲
Tetsu Emori

ビジネス社

はじめに

見事に外れた著名アナリストたちによる円安株高予想

２０１６年を迎える前、日本の投資家の期待は非常に高かった。しかし、年明け以降の円高と株安は、投資家の期待を大きく裏切る結果となった。

２０１２年12月にいわゆる「アベノミクス相場」が始まって以来、市場の方向性は「円安・株高」に大きく転換した。この基調はおおむね3年間、２０１５年後半まで続いた。

これを受けて２０１６年の市場見通しに関しても、著名アナリストたちによる日経平均株価の予想は、「年前半高、年後半安」であった。ドル円の見通しも総じて強気で円安方向、なかには「１３５円から１４０円を目指す」との見方も聞かれた。

ある程度長い期間、同じ方向に相場が動くと、市場関係者の相場見通しもその方向に行きがちである。その前提で相場見通しを組み立てるため、相場を動かす材料についても、いきおい自分の見通しに都合のよい材料だけを取り上げがちになってしまう。

もちろん筆者もかねてよりそうしたことを留意してはいるものの、人と違う見通しを立てることには勇気がいる。特に、企業に所属する「サラリーマン・アナリスト」には発言に制限があることから、なおさらである。

ドル円相場（1971年以降）

２０１６年前半の市場のテーマは、いうまでもなく「円高・株安」であった。デフレ払拭をもくろむ現在の日本にとって、円高は当然困るわけであり、この観点から市場では、円高・株安を仕掛けた悪役探しに躍起になったけれど、しょせんごまめの歯ぎしりにすぎない。

筆者は２０１６年のドル円および日本株の見通しについてのネガティブな見方を、２０１５年の夏場ごろから示していた。この見通しを立てるうえで参考にしたのが、「米国の利上げのタイミング」と「利上げ後のドル円の傾向」であった。

これまで米国は量的緩和策の解除を行った後、粛々と利上げに向けた準備を行ってきた。いわゆる「金融政策の正常化」である。

これはリーマン・ショック後に始まった金融緩和から引き締めへの「大転換」であり、もっとも重視すべき材料といえる。また政策に反することは、市場動向を見極めるうえできわめて危険である。この点からも筆者は政策の大転換をきっかけに、市場動向がどの方向に行くのかを判断することが賢明と考えたわけである。

幸い米国は日本や欧州と異なり、景気は安定しており、インフレも低水準ながら進行していた。加えて雇用も堅調であり、利上げを行うのに十分な材料が整いつつあった。

ここまで考えると、理論的には「米国の利上げにより、日本と米国の金利差が拡大し、金利の高いドルが金利の低い円に対して相対的に買われやすくなる」と考えるのが普通であろう。実際、この傾向を材料に2016年のドル円は上昇するとの見通しを示したアナリストは少なくなかった。また日本のデフレ状況や日銀の政策の方向性を考慮すれば、日本の金利が上昇するとはとても考えられない状況であった。

このことから、米国が利上げをすれば、当然のように金利差が拡大し、ドルが買われて円が売られると考えるのが常識的なように思われたのである。

振り返ると、当時の市場関係者のなかには「140円の円安になる」との見方もあった。しかし、いまから考えると、この米国の利上げはきわめて大きなトレンドの変化であった。

2012年以降、75円から125円まで円安が進んだわけだが、さらに円安方向に向かうのが妥当と考えるのが常識的だったのだろうか？　いまから考えれば、かなり無理のある見方だった。米国の利上げについては、かなり早い段階で市場の材料になり始めていた。２０１３年５月にバーナンキ前ＦＲＢ議長が議会証言で、ＱＥ３（量的緩和）の規模を縮小すること（テーパリング）を宣言したときには、市場に大きなショックが走ったが、実はここが大きなトレンドの転換点だった。

その後はこの材料を織り込みながら、米国は金融政策の正常化に向かっていった。その結果が２０１５年末でのドル相場の転換であったのだ。

当時のドル指数の動きを見れば、この点はかなり明確であった。特にドル高基調の最終局面に入ったのが、２０１４年後半からであった。同年7月以降は米国の利上げを織り込む形でドル高基調が鮮明になり、80を割り込んでいたドル指数は２０１５年3月には１００に達した。

ここでの問題はさらにドル高・円安に進むのだろうか、であった。

この疑問を解消するには、実際に米国が利上げを実施した場合、過去どのような動きになっていたのかを調べれば、何かしらのヒントがあるだろうと筆者は考えた。

まさに「歴史に聞け！」である。すると非常に興味深い事実が浮かび上がってきた。

筆者が注目したのは、米国の直近3回の利上げ後には著しくドル円は下落している点であっ

米国の過去3回の利上げ局面におけるドル円の推移

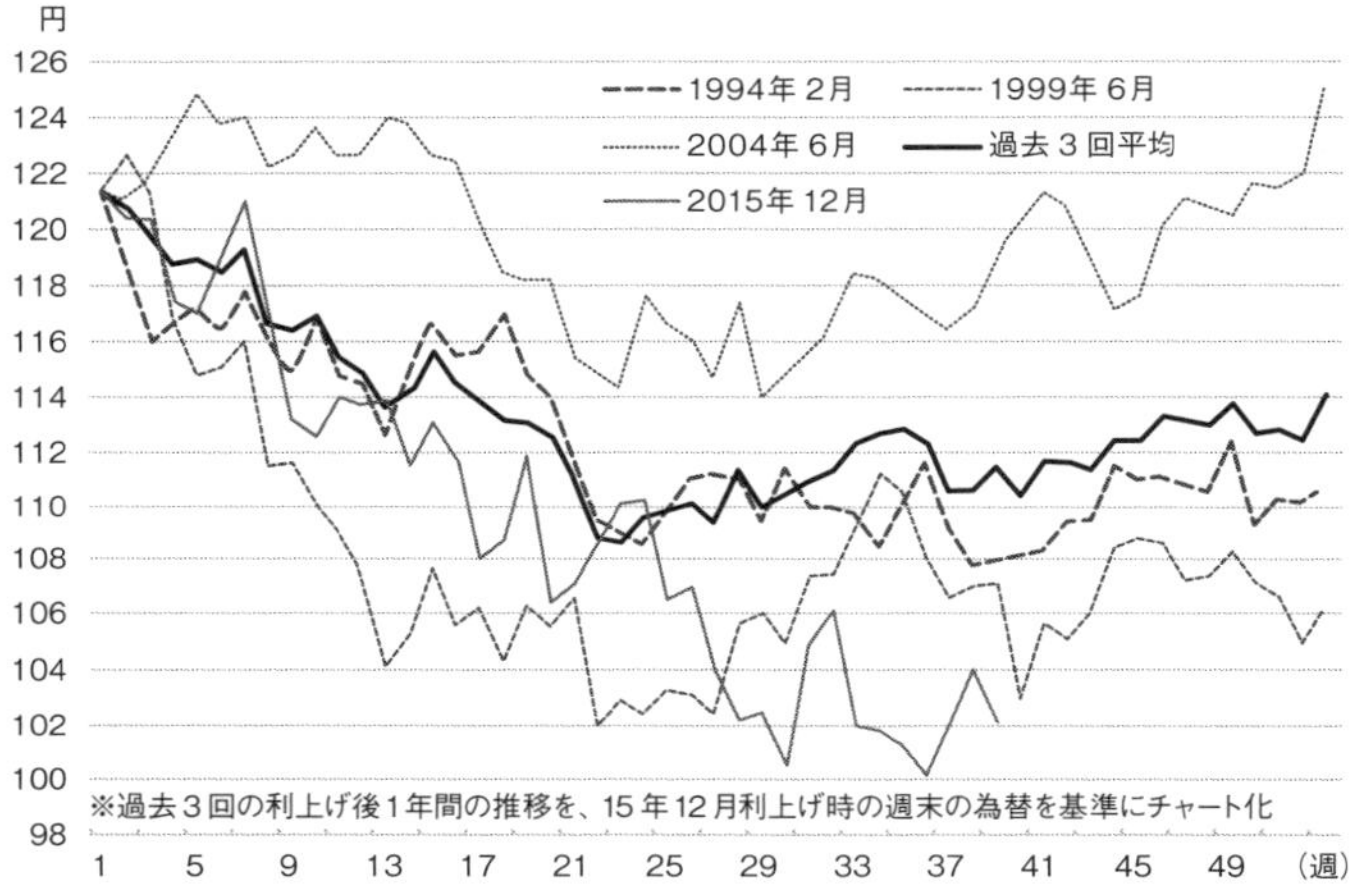

過去3回の米利上げの際のドル円の推移

利上げ期間	1994年2月〜1995年2月	1999年6月〜2000年5月	2004年6月〜2006年6月	平均
利上げ前のドル円の高値〜利上げ開始後のドル円の高値	1994年1月〜1995年4月	1999年5月〜1999年11月	2004年5月〜2005年1月	
期間	15カ月	6カ月	8カ月	10カ月
ドル円の高値と安値	113.58円↓79.70円	124.79円↓101.22円	114.88円↓101.65円	
ドル円の下落幅	−33.88円	−23.57円	−13.23円	−23.56円

た。具体的には、過去3回の利上げ局面での「直近高値からの下落幅」は平均で23円。つまり、米国が利上げをすると、ドル高ではなく、ドル安、つまり円高に進むという過去の実績があった。

理論的には金利が高い通貨が買われ、低い通貨が売られるはずである。しかし、実際にはそうなっていない。

なぜそうなるのか。将来の利上げを織り込む形でドルが早い段階で買われ始めており、実際の利上げを決定する段階においては、すでにこの材料が織り込まれているからである。

市場動向の予測を行う際には、理論で攻めるよりも、むしろ過去データを重視して、それに現状の材料をエッセンスとして加え、アレンジしたうえで行うのがよいということになる。

理論的には、米国の利上げがドル安につながるという過去の事実は受け入れにくい。しかしながら、イメージと違うからといって、過去の実績を否定することは非常に危険である。

このような重要な局面のときこそ、柔軟な思考が求められる。つまり、定量的な分析と定性的な分析の「ベストミックス」が正しい判断に導いてくれる。結果的に、2016年前半のドル円相場に関する筆者の見通しがほぼ的中したのは、この点が上手く機能した結果である。

FFレートとドル円

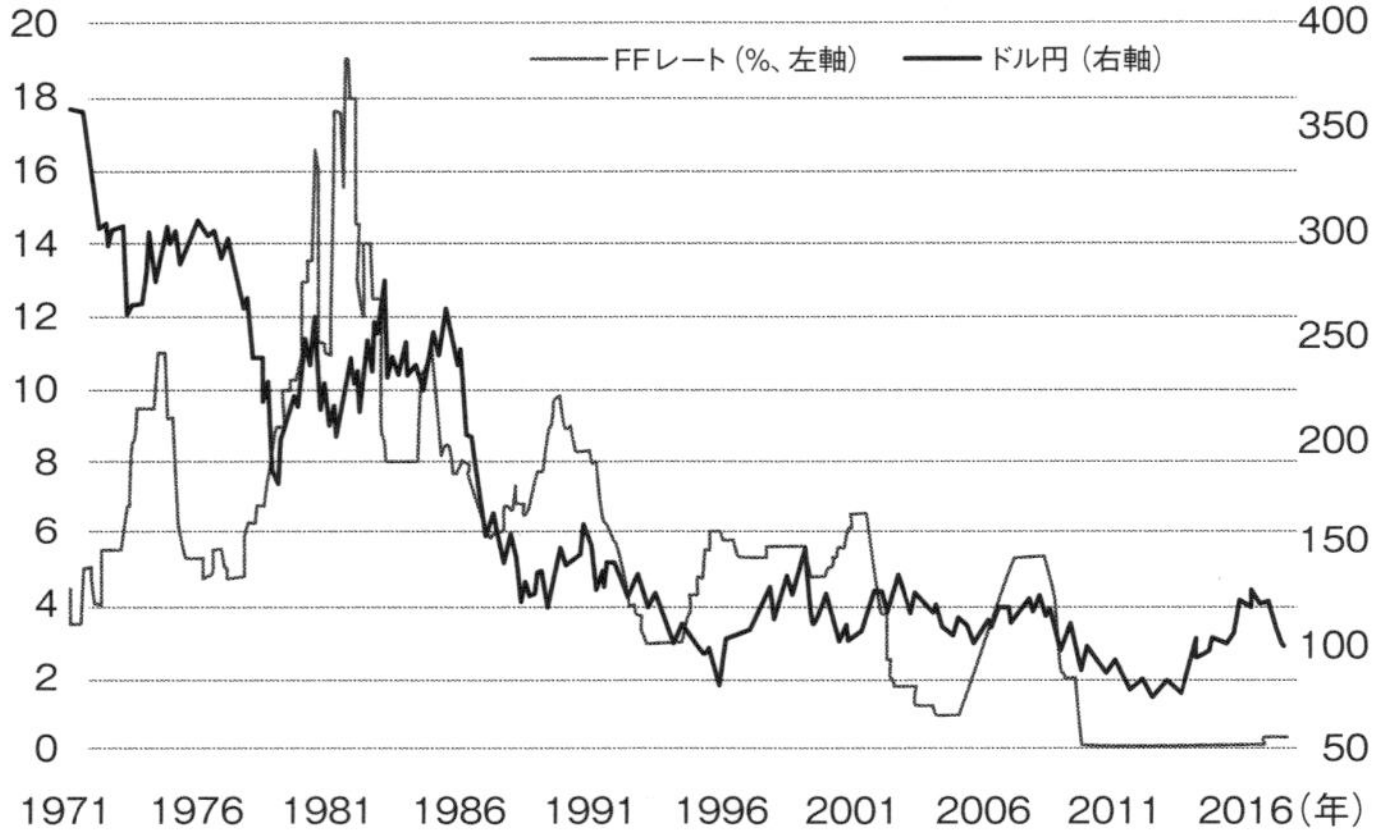

2016年のドル円の見通しに関して、過去の実績からの判断では、「ドル円は102円までの円高リスクが内包されている」というものであった。

昨年後半以降の筆者のセミナーの参加者や、筆者のメルマガ、東洋経済オンラインなどのメディアに寄稿している原稿をお読みになっている方々は、この点をよくご承知であろう。

そのシナリオでは、「最低でも112円までは円高が進み、メインシナリオは108円までの円高」とした。実は、この見通しはきわめてシンプルなものであった。つまり、過去3回の米利上げ局面におけるドル円の下落した値幅を単純に当てはめただけだったからである。

「そのようなシンプルな見通しで大丈夫か」と問われそうだが、所詮市場はそのようなものでである。

2016年8月末時点でのドル円の安値は99円台だが、水準と方向性についての筆者の見方は結果的に、見通しは正しかったのである。

2016年初には筆者の見通しが一般のものと乖離していたために、筆者の耳には批判的な声も聞こえてきた。日本株についても、大幅な調整見通しを示していたこともあって、なおさら批判の目にさらされやすかった。

ちなみに、日経平均株価の見通しは、「ドル円が102円にまで下落することを前提に、1万4500円まで下げる」というものであった。これについても、2016年8月の段階ではほぼ的中している。

このような経験から、今年ほど過去の統計を利用した分析を行えば、正しい予測が可能になるとの思いを強くした年はないというのが本音である。

第2章 日経平均株価が9000円台になるこれだけの理由

第3章　なぜ米国株は過去最高値を更新し続けるのか

第4章　各国中央銀行の思惑と日銀の政策運営

第5章 金価格は2000ドルを目指す

第6章 原油価格は再び100ドルを目指す

第7章 「グローバルマクロ戦略」のすすめ

第8章　2020年に向けての投資戦略はこれだ！

おわりに　株式市場からコモディティ市場へ

第1章

2020年
1ドル65円になるこれだけの理由

サイクルとは歴史のローテーションである

実は今年のドル円相場はもともと円高に進みやすい傾向があった。

そのうちのいくつかを披露すると、「ドル円の上昇（円安傾向）は3年程度しか続かない」というアノマリーである。

アノマリーとは、「上手く説明ができないものの、かなり明確な傾向」を意味する。たとえば、マネタリストが信奉する世界経済が60～70年サイクルで循環するという「コンドラチェフの波」などはその最たるものといえる。

円安傾向は3年程度しか続かないとするアノマリーに従うと、アベノミクス相場が始まった2012年末から3年が経つ2015年末時点にはおおむねドル円の上昇期は終わるはずで、筆者がドル円のピークアウトを指摘するうえで心強い援軍になった。

そして、今回はこのアノマリーがピタリとはまり、見事に2015年12月にドル円はピークアウトし、下落に転じたのであった。

しかし、このようなアノマリーともいえる材料を利用して、ドル円の日柄を指摘するアナリストは少ない。根拠が明確ではないため、金融機関に所属するサラリーマン・アナリストとしては、このようなあいまいな材料は利用できないという事情もあるのだろう。

彼らの立場はかなり厳しく規制されており、正しい見通しを出しづらい状況に置かれている

ドル指数

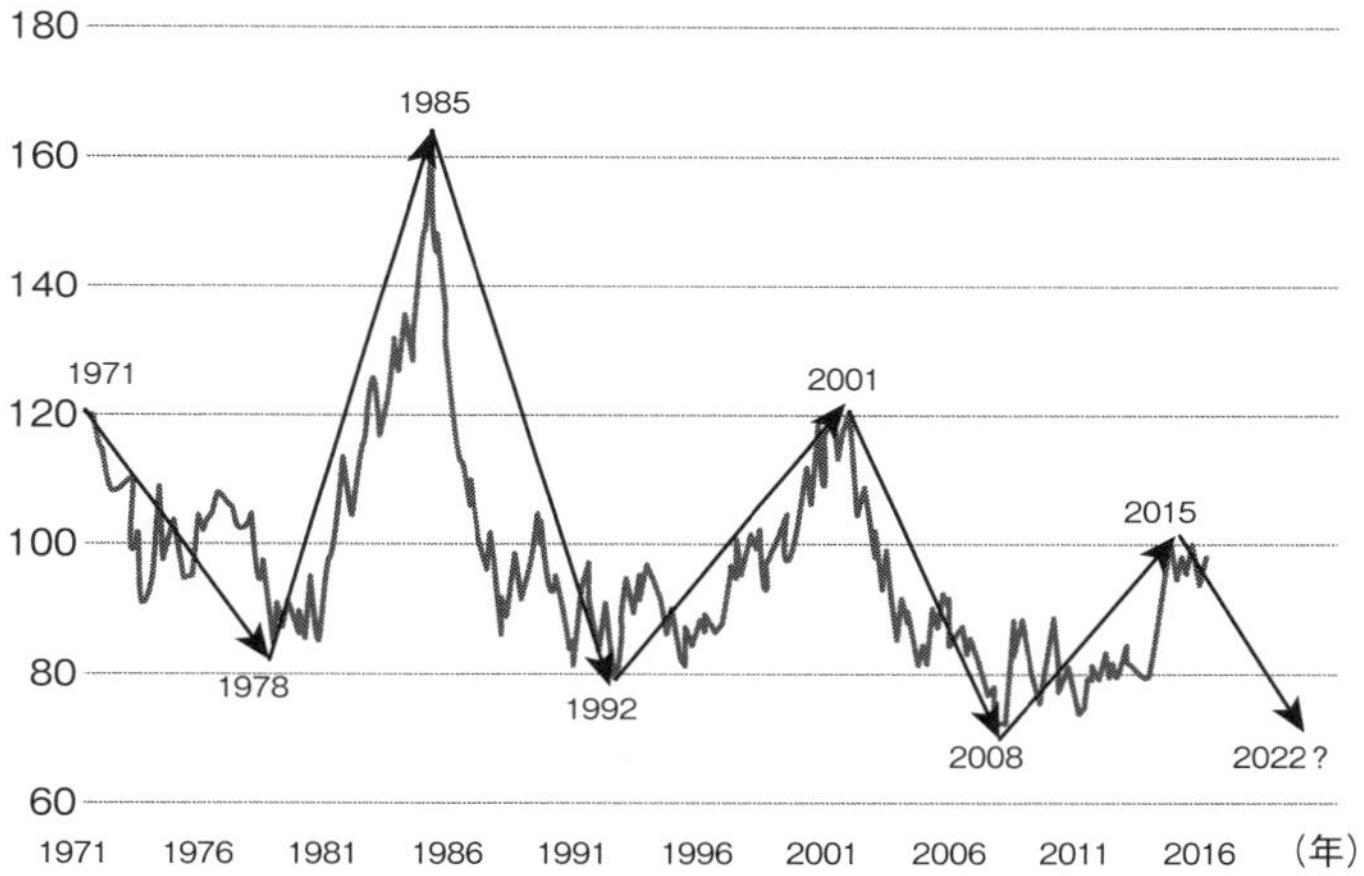

ことに同情することもある。しかし、最後は実績ありきである。アナリストの事情など、投資家は考慮してくれない。

ドル円を大局的に見ていくにはやはりドル指数の動きを見ることが肝要だ。

ドル指数とは、ドルの他の通貨に対する価値を意味する。とはいえ、実際にはドル指数の構成通貨の半分以上がユーロ、そのほかに円とポンドの比率が高く、主要3通貨で指数の構成通貨の8割以上を占めている。結局、ユーロ、円、ポンドに対してドルがどのように動いているかを示したものがドル指数ということになる。

そのドル指数の動きをたどってみたところ、興味深いサイクルを確認することができた。

7年ごとにドル指数が上昇・下落を繰り返し

ていたのである。途中、1999年から2008年の期間だけは9年だったが、それ意外は見事に7年ごとに上昇と下落を繰り返してきた。これだけ明確なサイクルも珍しい。サイクルとは言い換えれば歴史のローテーションであり、それがある種のセオリーになっているのは歴史が証明している。ドル指数は2008年からの上昇局面が2015年で終了し、2016年からはドル指数の新たな下落局面が到来することになる。

こうして考察してみると、2016年にドル円が上昇する、つまり円安になるといった見通しをすること自体、かなり無理があったことになる。

日本の円安政策に「待った」をかけた米国

以上みてきたように、2016年の円高見通しにテクニカル面からのアプローチだけでも、十分すぎるほどの結果を得ることができたことになる。

しかし、実際にはこのような市場予想を行っても、市場関係者の多くは納得しないことが多い。なぜなら、彼らはファンダメンタルズ分析をきわめて重視するからである。

特に機関投資家などプロと呼ばれる投資家ほど、その傾向が強い。なぜなら、彼らは資金の出し手である投資家や、社内における投資戦略委員会に対して、投資判断に至った経緯と理由を説明する義務があるからだ。前述のサラリーマン・アナリストと似たような立場ともいえる彼らは、「テクニカル分析やアノマリーを重視しました」とは言えない。

つまり、説明可能な材料をもとに分析し、独自性をある意味排除したうえで、できるだけ市場コンセンサスに近い見方や判断をすることになるわけである。いうまでもなく、このようなアプローチによる結果は、芳しいものにはならない。

というのも、経験的にファンダメンタル材料のみによる市場分析は機能しないことが多い。エコノミストが多用する購買力平価や、国内の機関投資家などの海外への投資フローなどを背景にした需給分析などは、その典型である。

テクニカル分析を丹念に行い、アノマリーやサイクルなどを基本的なファンダメンタルズ分析に加えて市場の方向性を判断する立て付けにすれば、より安心感が得られると思う。


ファンダメンタルズ面において、筆者がもっとも注目すべきと考えているのが、米国の通貨政策に対するスタンスである。

2016年に入ると、G20やG7の会合において、米国から頻繁に通貨安政策に関する発言が聞かれるようになった。米国は、「通貨安競争は避けるべき」とし、通貨安を利用した経済成長は認められないとの認識を強く示していた。表面上は中国の通貨安政策にくぎを刺すのが目的であったものと思われるが、実は日本にも向けられたものでもあった。

3年間の円安・株高政策を押し進め、いわゆる「アベノミクス」と呼ばれる安倍首相が推し進める経済政策が奏功したかのような状況が2015年末に見られた。

ところが株高は黒田総裁が安倍政権から半ば委託された異次元の量的・質的緩和の〝産物〟であった。この点については後述するが、このような「劇薬」ともいえる人為的な政策が円安を引き起こし、株高を演出したことは明白である。

つまり、中身を伴わない、数字だけが上昇するといった動きが3年も続けば、さすがの米国も「ちょっと待て」ということになる。

これが今年の米国のドル安政策への転換も加わり、きわめて強い円高への動きにつながったわけである。

米国はなぜドル安政策に転換したのか？　その理由の一つに、米国株の下落リスクが挙げられよう。これも後述するが、ドル指数と米国株にはかなり明確な関係がある。現在の米国株はドル高になると上値が重くなりやすい傾向がある。

タイミングに恵まれたアベノミクス推進

歴史を紐解くと、行き過ぎた円安のあとは、例外なく米国から戒めともいえる無言の円高圧力が掛かってくるパターンが繰り返されてきた。また、ドル円のかなりの部分が政治的な側面から水準形成が行われてきたことも否めない。

たとえば2010年以降に起きた欧州債務危機がそうだった。周知のとおり、同危機の端緒はギリシャがEU（欧州連合）に加入する際に行った、同国の財政状況に関する「嘘の報告」であった。結果的に欧州の財政基盤が著しく棄損し、南欧諸国の国債利回りが急伸するなど、きわめて危険な状況に追い込まれた。

このとき、欧米の結束のもと、通貨安による景気回復を目論む欧州サイドの意向を推し進めるため、日本側に円高を受け入れてもらう必要があったと考えられる。

結果的に、ドル円は円高方向に向かい、2011年10月31日には一時75・55円の円高になった。

その後、欧州債務危機が徐々に収束に向かうにつれて、今度は円高による日本の景気悪化リスクが浮上した。政権は当時の民主党が担っていたこともあり、政権・経済政策運営はままならず、さらに11年3月に起きた東日本大震災の影響もあり、政権の混乱と経済の停滞が顕著になった。

このような状況になれば、民主党政権が追い込まれることは自明であった。図らずも、当時の野田首相が自民党の安倍総裁に無謀ともいえる勝負を挑んだことで、民主党政権は自壊し、結果的に安倍政権が誕生した。

この安倍政権が推し進めたのが「アベノミクス」だったわけだが、このタイミングはまさに海外事情の変革の時期と軌を一にしている。

要は、海外情勢に落ち着きが出てきたタイミングで、日本が厳しい経済状況に陥ったのである。結果的に、欧米は欧州債務危機からひとまず脱却したことから、通貨高を受け入れる体制が整いつつあった。

このような背景から、安倍政権の誕生と海外事情の転換が上手く一致し、円安・株高につながった。海外勢が円安を許容できる状況に転じたことが、結果的に円安に転じるきっかけとなっただけである。逆にいえば、安倍政権ほど運が強い政権はないともいえるだろう。

結果的に円安政策を推し進めることができた日本だが、さすがに3年も続けば海外勢、とりわけ米国はその継続を許容するわけにはいかなくなっていた。

ドル高基調は、米国の主要多国籍企業の収益を悪化させることになる。GDPの7割を占める個人消費を高水準に維持するためにも、米国は株高状況を維持することが不可欠であった。

このように考えると、米国がドル安政策に移行するのは当然のことであった。さらに、前述のように、ドル指数が7年ごとに上下に変動するサイクルからも、米国が今後7年程度はドル安を志向する可能性が高いことは、あらかじめ想定できたことであった。

このように、2016年に入れば、ドル安・円高に進みやすい地合いになることは、実はかなり高い確度で想定されたことだったのである。

為替を巡る攻防で米国の逆鱗に触れたミスター円

2016年に入ると、想定を超えるスピードで円高・ドル安が進んだ。

1月には株安を引き起こし、日経平均株価は15000円台を割り込み、暴落ともいえる下げに見舞われた。これも市場の多くが想定していなかった円高が主因であった。一時的に株価は戻したが、ドル円と日本株の連動性が高まるなか、円高が株安を誘発する状況が続いた。

そして、日本にとって「鬼門」とも言えるゴールデンウィークがやってきた。日本の投資家はこの期間中の円高リスクを警戒していたものの、実際に円高は予想以上に進み、さすがの日本サイドも黙っているわけにはいかなくなった。

麻生財務相は「為替市場の動きを注視する」との発言を繰り返す一方、安倍首相は「急激な変動は好ましくない」「円高に歯止めを掛けるため、当然介入の用意がある」と市場を牽制する発言を繰り返した。また「この円高は秩序的ではない」との認識を示したが、一方で米国のルー財務長官はこのような見方を明確に否定し、日本サイドの円高懸念を一蹴した。

逆にルー財務長官は「円高の動きはきわめて秩序的」と言明し、「通貨安競争は許容されない」として、日本の円高阻止の為替介入を認めない姿勢を明確にした。これにより、日本サイドは手も足も出ない状況に追い込まれた。

日本が為替政策に関して勝手な行動を取れば、どのような結末になるかは、過去の事例を見れば容易に理解できる。この点を麻生財務相が理解していたのか否かは不明だが、ぎりぎりのところで一線を超えるのを踏み止まったのは賢明な判断だったのではないか。

というのも、過去には悲惨な円高に追い込まれた事例があったからだ。一番わかりやすい例が、1997年から99年頃の通貨政策であろう。

97年7月に財務官に就任した「ミスター円」こと榊原英資氏は、積極的に円売り介入を行ったことで知られている。

彼が財務官に就任する直前の97年5月には127・46円の高値を付けたドル円は、6月には110・52円の安値にまで急落するなど、円高懸念が強まっていた。このタイミングで財務官に就任した榊原氏は、積極的な円売り・ドル買い介入を推し進め、その結果、ドル円は147・63円まで急伸するに至った。

しかし、この円安が明らかに行き過ぎだったこともあり、その後は急落に転じたのであった。その後、99年1月には108円台に突っ込む場面がみられたものの、その後は5月に124円台に戻すなど、自然な戻りを試すなかで円高は回避されていった。

日本政府の円売り介入実績

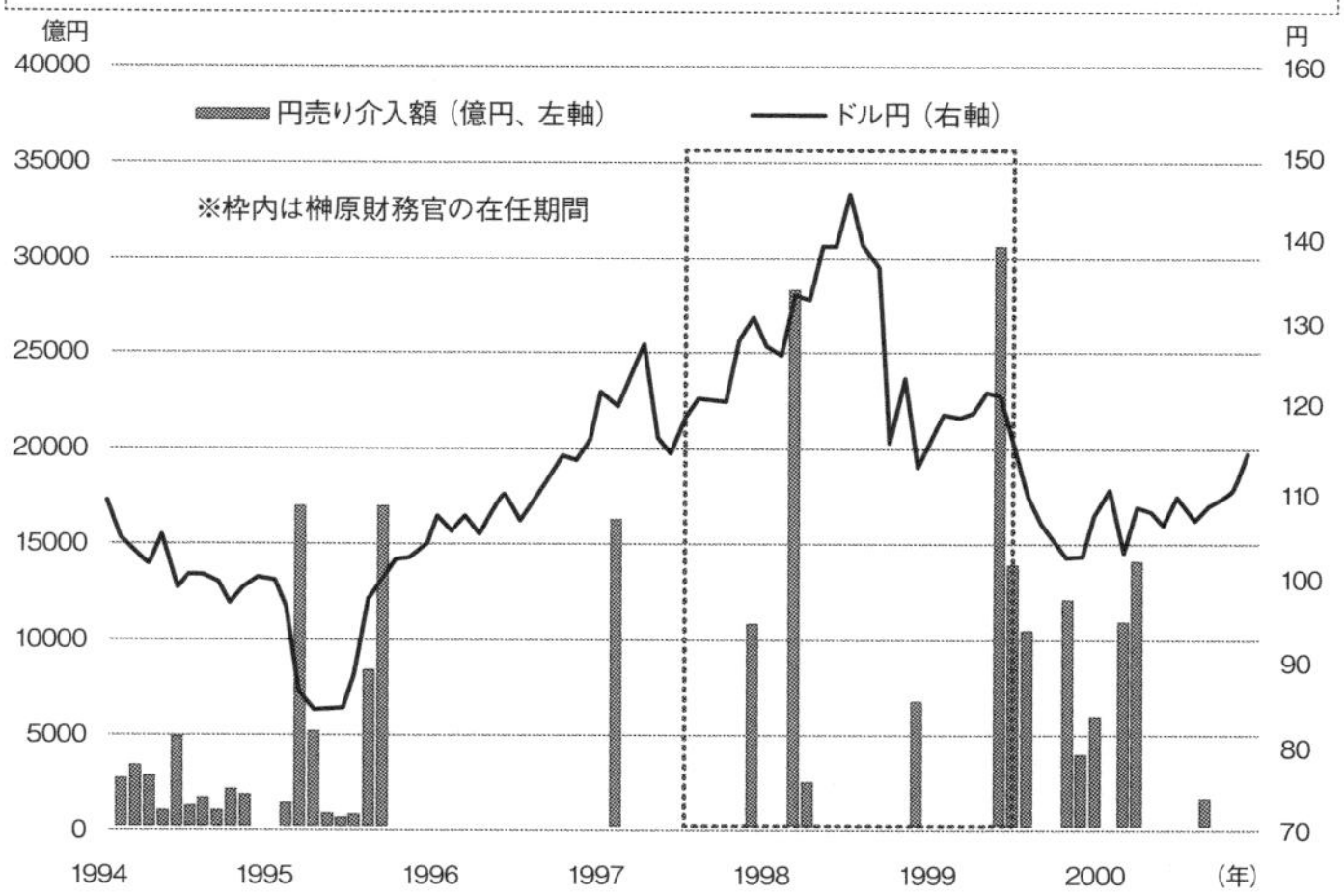

99年7月の退官を控えるなか、「ミスター円」としては、退官前に最後の介入を実施した。そこまでして介入する必要はなかったが、皮肉にも退官直後の7月後半から円高が急速に進み、同年11月には101・22円をつけた。

一説によると、ミスター円がある種の無秩序な円売り介入を米国の了解も取らずに行っていたことで、米国の逆鱗に触れ、円高に仕向けたという話だが、真偽は定かではない。

ちなみに、当時の米国の財務長官はサマーズ氏だった。同氏について一般的に語られる性格からして、そのような裏があっても驚きではないが、いずれにしても、米国の了解なしに日本サイドが勝手に円売り介入をすれば、相応の結果を甘受しなければならないといえよう。

データが示す東京五輪時・1ドル65円の可能性

以上のような事情もあり、日本サイドが勝手に円高水準を修正することはほぼ不可能な状況だ。そのうえ米国は当面の間、ドル安政策を志向している模様である。

となれば、今後は当面の間、円高局面が続くことを前提に市場動向を見極めることになろう。円高が株安を招く構図にあることから、市場では円安期待が依然として高い。

だが、そのような淡い期待は捨てるべきだ。当面は円安にはならない。具体的には最大であと4年程度は円安局面にはならないという覚悟が必要と思う。

1971年の変動相場制への移行以降、ドル円の下落、つまり円高傾向が強まった期間が6回存在した。その6回のうち、円高局面が長期間に及んだケースが3回あった。

この3回の平均を取ってみると、円高が継続する期間はおおむね5年、下落率48・7%となっている。今回の円高局面のスタートが2015年6月の125・85円であることから、このデータを単純に当てはめると、ドル円は2020年4月には64・53円に到達するとの計算が成り立つ。そういうサイクルに入ってしまっている。

つまり東京五輪が開催される年に、ドル円は大幅な円高になっている可能性がある。むろん、相場はこのように単純に動くわけではないことは百も承知である。

しかし、一方で今年のドル円が、筆者が想定した円高見通しにほぼ沿った値動きになったこ

過去のドル円の急落局面と今後の安値予想

高値		安値		値幅	変動率	調整期間	
1975年12月	306.84円	1978年10月	177.05円	129.79円	42.30%	33カ月	
1982年11月	277.65円	1988年 1月	120.18円	157.47円	56.72%	61カ月	
1990年 4月	160.35円	1995年 4月	79.70円	80.65円	50.30%	59カ月	
1998年 8月	147.63円	1999年11月	102.22円	45.41円	30.76%	15カ月	
2002年 1月	135.15円	2005年 2月	101.65円	33.50円	24.79%	36カ月	
2007年 6月	124.16円	2011年10月	75.55円	48.61円	39.15%	51カ月	
				82.57円	40.67%	43カ月	（平均）

高値		安値		値幅	変動率	調整期間
		2019年1月	74.67円	51.18円	40.67%	43カ月
2015年6月	125.85円	2018年5月	83.64円	42.21円	33.54%	35カ月
		2020年4月	64.53円	61.32円	48.72%	57カ月

とを考慮すれば、この考え方に基づく円高の見通しは決して無視できないだろう。

むしろ、65円で円高が止まる保証すらない。振り返れば、アベノミスク相場が始まる前のドル円は75円まで下落していた。少なくとも、この程度の円高になっても驚いてはいけない。

1ドル円65円という予測に対して、「そんな水準になるはずがない」と反論もあろう。だが、筆者が重視しているのは、過去のデータに基づいて、「どの程度までの変動の可能性があるのか」をまずは知ることにある。

重要な節目となってきたドル円100円水準

振り返ると、ドル円の100円水準は、過去に多くの重要な節目になってきた。2016年9月時点の120カ月移動平均線がちょうど

100円である。この水準を維持できるかどうかは、ドル円が円高基調に向かわずに済むかどうかを確認するうえで、きわめて重要な指標になる。

米国がドル安志向を強める一方、外部要因は常に不透明感が漂っている。「リスクオフの円高」は世界の共通認識である。市場が不安定になり、投資マネーの行き場がなくなると、最初に買われるのが円である。

なぜ円が安全資産になるのか、いまだに正鵠を射た説明を聞いたことがないのだが、市場がそのように理解している以上、それに従うしかあるまい。


そもそも、どのような理由で相場が上昇・下落するかについて、あらかじめ分析・予測してそれをもとに投資判断を行うのはほぼ不可能である。しかしながら、上記のようなロジックで、ある程度の相場の方向性と水準、また到達時期を想定しておけば、現時点の相場水準や相場展開から想定しがたい動きになったとしても、狼狽する場面は圧倒的に少なくなるだろう。

すべては2015年末の転換点に収斂する

ポイントは、厳しい円高局面を日本経済がいかに克服するかだ。円高が株安要因から株高要因に変わるとき、株価は底打ちから力強い上昇に向かうはずである。

その時期が２０２０年になるのか、それとも２０１８年になるのか、逆にさらに先の２０２２年になるのかはわからない。

難しい数式や理論を用いて、アカデミックな解説をするアナリストは少なくない。しかし、そのような手法がまったく通用しないことも少なくなく、その典型が２０１６年であったのだ。思い出してほしい。著名アナリストの経済予測がことごとく外れたことを。

市場は生き物であり、人間がその価格を形成している。そうであれば、歴史に学び、過去データを調べあげ、典型的な値動きパターンを理解しておくほうが合理的である。

その結果が、筆者の２０１６年の円高予測が的中した理由であった。

本章で筆者が示してきた要素を考慮すれば、日米の金融政策の内容や方向性に一喜一憂するのがある意味で馬鹿らしくなってくるはずである。また、米雇用統計やＧＤＰ統計など、重要経済指標と呼ばれる日々の材料や、ＦＲＢや日銀関係者の発言などは、結局はノイズでしかなくなる。

もちろん、短期的な材料を利用してトレード収益を上げることは否定されるべきではない。だが、大局的な市場の方向性に与える影響は限定的なのは否めない。

ドル円はより大きな材料、つまり政治的な側面で動いている可能性が高いというのが筆者の考え方であり、その動きは当然、数年単位で大きなものになる。

その重要な転換点が２０１５年末であった。すべてはここに収斂する。

したがって、これから数年間はそれまでとは違う方向で動くというのが筆者の結論である。

ドル円についての考え方

- 大局的な方向性を変えるような材料に注目する
- 過去の価格変動のパターンや傾向などを調べておく
- 相場の方向性を決める主体が誰か（何か）を理解する
- 日々の材料や経済指標、金融当局関係者の発言に一喜一憂しない
- 最大で５年程度、円高基調が続く可能性がある
- 最大で65円程度までの円高を想定しておく

第2章

日経平均株価が９０００円台になる
これだけの理由

日経平均株価を支配しているのはドル円相場の方向性である

株価を予測することは、実際にはかなり難しい。予測そのものに時間を割くことはあまり意味のないことかもしれない。なぜなら、多くのアナリストやストラテジストの株価見通しはほとんどが外れているからだ。だがその一方で、難しいからこそ、プロフェッショナルとしてチャレンジのし甲斐があると筆者は思う。

株価見通しを行う上で各セクターの企業業績を正しく評価し、その先に何をもたらすのかを導き出すことは当然大切である。しかしながら、もっとも重視すべきはいうまでもなく、大局観にほかならない。

日本株（あるいは日経平均株価などの主要株価指数）のトレンドを想定する際に重視するのはマクロ指標だ。マクロ指標の影響を受けるのが為替相場であり、株価動向である。そうであれば、為替動向をまずは重視し、そのトレンドに株価がどのような反応をするのかを見るのが効率的であろう。日本株の場合には、ドル円ということになる。

日本株がドル円との連動性が高まってから久しいが、この背景は端的にいえば、安倍政権の政策の方向性と国内の経済環境、市場構造などが密接に絡んでいるからだろう。

２０１２年12月の第２次安倍政権のスタート以降、ドル円と日経平均株価の連動性が高まったことは、周知の事実である。

ドル円と日経平均

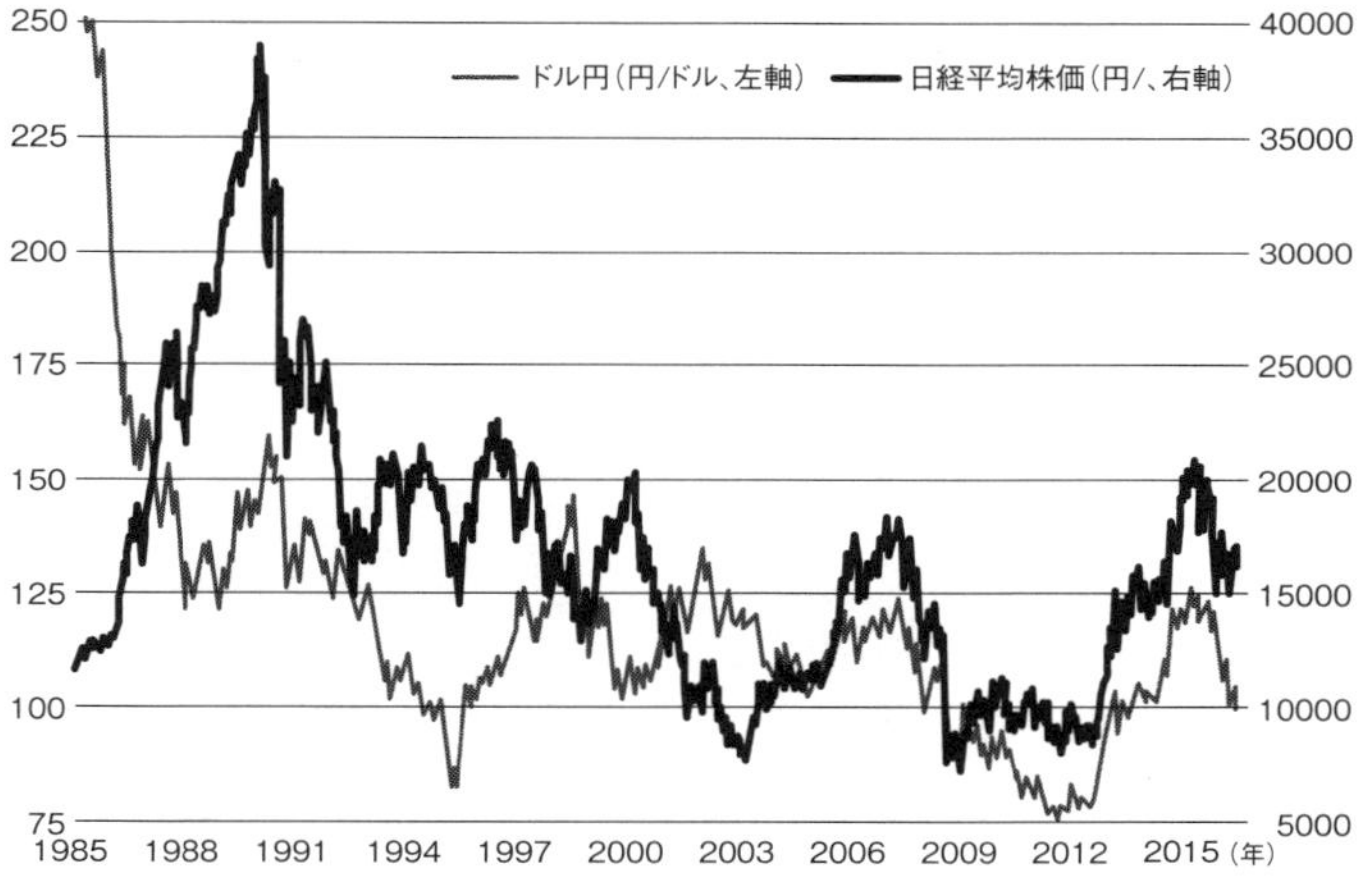

筆者もさまざまな局面において、この点を指摘し、持論である円高見通しを背景に日本株の下落見通しを繰り返し述べてきた。

つまり、日本株、とりわけ日経平均株価を支配しているのはドル円相場の方向性であり、この方向性を見誤らなければ、日経平均株価の方向性もある程度は正しく予想できるだろう。

バブル崩壊の責任を曖昧にした政府・日銀

とはいえ、過去を振り返ってみると、常に「円高＝株安」、あるいは「円安＝株高」の方程式が成立していたわけではなかった。

ドル円と日経平均株価は、むしろ〝逆相関〟の時期も少なくない。大まかにいえば、1989年から1993年、97年から98年、2000年から03年にかけては、ドル円と日経平均株価の関係は逆相関だった。これらの期間はいわゆる「失われた20年」であり、日本経済が総じて停滞の一途をたどっていた時期に相当する。

この失われた20年と呼ばれるに至った原因は、「銀行の不良債権問題」であった。資産バブルの拡大により、担保価値の算定を怠ったなかで貸し込んだツケが回ってきたのだ。

いま思えば、あり得ない貸し付けとその後の対応をしていたわけだが、だからこそ根の深い問題になってしまった。この間に円安推移の時期もあったが、これはむしろ「悪い円安」、つまり日本に対する信用の低下の反映であったと考えるのが妥当であろう。

筆者が社会に出たのは1990年。採用が決まった1989年はバブルの絶頂期であり、就職活動はまさに売り手市場だった。結果的に資産バブル崩壊とともに社会に出たことになり、銀行の不良債権問題で疲弊した日本経済の低迷とともに20年超を過ごしてきた。

社会人になった当時は「バブル世代」と揶揄され、使い物にならない世代とまで呼ばれた。だがこちらからすれば、バブル崩壊は野放図に貸し出した銀行とそれに対する政策を誤った政府・日銀のせいであり、まさに濡れ衣である。

そして、その傾向や構造が根本的にはいまだに変わっていないことが、今日の日本経済の低迷の根幹にある。バブル崩壊に対する責任を曖昧に濁し、正しい認識のもとで正しい政策を採ってこなかったところに、日本の停滞の本質的な理由がある。

この点において、これまでの政府・日銀など政策立案・執行者の責任は極めて大きいことは明白だが、現時点でも過去の延長線上で各種政策が進められていることに、非常に強い懸念を抱くわけである。

日本の金融市場の正常化に寄与したりそな銀行の国有化

前述のように、過去には銀行の不良債権問題という、国内事情が株価動向に大きな影響を与えてきた。89年の資産バブル崩壊後、90年代に入ると不良債権の存在が浮かび上がってきた。しかし、日本的な問題先送り意識が根底にあったこともあり、この問題の根本的な処理に10年を超える年月を要したことは記憶に新しい。重要な問題に対する典型的な「日本的処方」が、問題解決を大幅に遅らせたわけである。

その結果、100兆円超の処理コストを要したのだが、まさに時間と費用の無駄であった。いまの時代であれば、このようなことは許されない。

最近では、金融機関ではなく、競争力と市場そのものを失った家電メーカーや一部エレクトロニクスメーカーがその立場にある。海外資本の注入を余儀なくされ、経営方針の抜本的な見直しと大幅な人員整理を強いられた。残念ではあるが、一部の日本の主要企業の根本は変わっていないように思われる。

それはともかく、2000年代に入って、日本の金融市場の正常化にはきわめて大きな出来事があった。銀行の不良債権問題が、りそな銀行の国有化という、これまで例にない処理方法で一気に片づけられたことにより、市場心理を好転させたのだ。

その結果、すでに上昇に転じていた海外の株式市場の動きに追随する展開になった。日本株と為替の関係でいえば、2005年以降は円安と株高が〝共存〟する格好となっているが、国内の金融における問題が解決したことが大きく影響していると思われる。

国内に問題がなければ、日本の株式市場は基本的には海外情勢に大きく影響を受けることになる。これだけ世の中がグローバル化し、さらに株式市場に上場されている企業の多くが海外展開をしているなか、海外情勢から影響をまったく受けないことなどあり得ないからである。

いまも不可分の関係にある為替水準と企業業績

野村証券の調査によると、日本の主要企業の海外売上高比率は、90年代前半には20%を下回っていたが、2000年代に入ってから4割を超え、2000年代後半には5割を超える水準に達した。

またこの間、海外生産比率も着実に上昇してきた。90年代前半には20％を下回っていたが、90年代後半には2割を超え、2000年代に入ると3割に達した。その後は現在に至るまで、3割台で推移しているが、4割手前で停滞していることから、これ以上の引き上げはかなり難しいと思われる。

2000年代に入ってからは、メーカーなどは中国などの低コスト・低賃金の国に積極的に進出し、大量生産を低コストで行うことで、収益性を確保してきた経緯がある。

しかし、中国の人件費の上昇により、このビジネスモデルはすでに崩壊している。それ以外にも、中国を主要な生産拠点にすることには、政治面や国民性もあり、かなりのリスクと懸念がある。その結果、周辺国に生産拠点を移す、ないしは新規に設立するなどの動き（チャイナ・プラス・ワン）もみられているようだが、いずれにしても、生産比率は伸び悩んでいる。

これらの動きは、コストの問題もあるが、為替相場の影響を大きく受けていることは広く知られている。90年代半ばには1ドル80円を割り込むほどの円高になり、国内を生産拠点としていたメーカーが海外進出を真剣に検討・実行せざるを得なくなった。

また、製品の販路も海外に求め、海外売上高比率の引き上げに尽力した。原材料の購入も現地調達することで、為替コストの抑制を図ろうとした。その結果、為替の影響を受けにくくなったとの声も聞かれる。

野村証券の試算によると、ドル円が1円円安方向に向かったときの経常利益は、2000年代には1％以上変動していたが、2000年代半ば以降は0・4％から0・7％にまで低下しているという。しかし、それでも日本を代表する自動車メーカーであるトヨタの決算で、収益見通しもさることながら、想定為替レートに注目が集まるのは、市場がいまだに為替水準と企業業績の関係を重視していることに他ならない。


その自動車産業はすそ野が広く、多くの業界が関係していることもあって、自動車業界の動静には常に注目が集まることになる。

各社メーカーはすでに資材の現地調達・現地生産、さらに自動車の現地販売の体制を整えており、為替の影響は受けにくくなっている。

とはいえ、企業活動によって得たドル建ての収益部分については、為替の影響を受けざるを得ない。120円だったドル円相場が、100円になれば、収益部分は2割もの減益になってしまう。自助努力でドル建て収益の拡大に成功したとしても、この為替の問題は避けて通れないことは、いまも昔も同じである。

これは自動車メーカーに限ったことではなく、基本的に同じ収益構造にある企業であれば同じである。野村証券によると、95年度から2015年年度において、年度ベースで為替レートが前年度比で円高になったのは9回あったが、そのうち経常利益が減少したのはわずか2回しかないという。

その2回にしても、リーマンショックがあった08年度と、東日本大震災があった11年度だったという。これらの年には円高が進んだが、それ以外にも生産量の減少も伴っており、きわめて厳しい環境だったことは明白である。

しかし、それ以外の期間の企業業績が堅調だったことを考慮すれば、日本の企業の力強さは捨てたものではない。とはいえ、2016年度のように、前年度に一時125円台をつけたドル円の水準が100円台前半で推移すれば、さすがに為替の影響は避けられない。

アベノミクス以降、政府・日銀により操作されてきた株価

多様な考えを持つ市場参加者がそれぞれの考えと思惑で投資判断を行うことから、株価水準が意味するところをひとことで説明することはもはや不可能といってよい時代である。

特に近年はアルゴリズムやAI（人工知能）を駆使した投資判断を背景とした市場参加者の取引も活発化しており、さらに複雑さを増している。

このような状況から、株価の方向性を単純化して予想することはほぼ不可能との結論に達す

るだろう。

現在の市場においては、注視すべき材料が多すぎて、いくつかの材料に絞ることは難しい。ただし、筆者のように、まずはマクロ的見地から市場動向を分析する場合、各企業の業績の積み上げで株価の方向性を考えることはない。

つまり、日経平均株価に直接的に影響を与える材料や、タイムリーに得られる情報に注目することになる。そうなると、わかりやすい材料はやはり「為替相場」である。

為替相場の水準や方向性と日本株の関係は希薄になったとの考えも出てきている。これはアベノミクス推進を支える、日銀によるＥＴＦ（上場投資信託）の買い入れ額の増額が背景であり、人為的かつ一時的に株価が押し上げられた結果である。これをもって、日本株と為替動向が切り離されたとする意見はあまりに乱暴かつ粗雑と思う次第だ。

また、株価動向を見ていくうえで、政策面の影響を考慮しないわけにはいかない。

２０１２年12月に第２次安倍政権が発足して以降、日本株は上昇し、ドル円は大幅に円安方向に進んだが、この背景には政策面の影響もあったことは否めない。

誤解を恐れずにいえば、日本株は政府・日銀により直接的に〝操作（マニピュレート）〟されている。政府・日銀が直接的に株価に影響を与えるような政策を行っているという意味では、妥当な表現であろう。この点を理解しておくことが、日本株を理解するうえでは肝要である。

あまりにも考えが甘かった政府・日銀

第2次安倍政権誕生以降、政府・日銀はあらゆる手を尽くして、「円安・株高政策」を推進してきた。

2013年4月の量的・質的緩和の導入や14年10月の「黒田バズーカⅡ」などさまざまな手法で円安・株高を演出することに腐心してきた。株高になれば景気が回復したような錯覚に陥り、企業も賃金を引き上げ、国民も消費を増やし、さらに景気が回復すると考えたのだろう。また量的緩和を推し進めれば、円安が進み、結果的にデフレが払拭され、インフレ期待が高まると考えたのだろう。

しかし、その考えはあまりに甘かった。政府・日銀の思惑は完全に外れた。

結論から言えば、円安にしてもインフレ期待は高まらず、株高になっても政府が目論んだ企業による賃金の大幅増は実現せず、消費も伸び悩んだ。さらに消費増税の強行で景気が腰折れしたことも、政府の想定外であった。

そもそも消費増税に賛成していたのは、他でもない黒田総裁である。その本人がインフレにならなかった理由のひとつに消費税の影響もあげているのだから、話にならない。

しかし、その後の政策の方向性を見る限り、むしろ「改悪」の方向に進んだというのが結論である。その一つが「マイナス金利の導入」であり、もう一つが「日銀のＥＴＦ買い入れ額の増額」である。さらに量から金利に視点を変えた「長短金利操作付き」量的・質的金融緩和への移行も同様である。

市場をおおいに失望させた7月の日銀・政策発表

円高に歯止めが掛からない、結果的に株価も回復しないことから、日銀は過去に例のない政策の導入という暴挙に出た。マイナス金利政策はすでにＥＣＢ（欧州中央銀行）が導入していたこともあり、日本でもその存在は知られていたが、まさかこのタイミングで日銀がマイナス金利を導入するとは考えられなかった。

日銀の政策の考え方や方向性などについては後述するが、残念なのは、日銀が市場との対話に失敗してきたことであった。少なくとも、導入を決定した後の市場の反応はきわめてネガティブであり、それだけ市場に評価されなかったのだ。

一方、ＥＴＦ買い入れ額の増額は、いよいよ危ない方向に進み始めたとの印象が強い。

今年7月28・29日開催の日銀金融政策決定会合を前に、市場では相応の規模と内容の政策が打ち出されるとの期待が高まっていた。また、「ヘリコプターマネー」や「永久債」といった、過去にない政策導入の可能性への期待が急速に高まっていた。

事前に株価は上昇し、ドル円も円安方向に進んでいた。市場サイドの準備は十分に整っており、あとは日銀の政策発表を待つのみ、といった状態にあった。


ところが、ふたを開けてみれば、中身はETFの買い入れ額の増額とドル供給枠の拡大等にとどまり、市場の期待を大きく裏切る内容となった。

そもそも市場の事前の期待が高すぎたことが、その後の失望売りにつながったのだろうが、日銀の政策にかなり限界が来ていたことを考慮すれば、過剰な期待をするほうがむしろ問題だったともいえる。

一方、銀行関係者は、マイナス金利の深掘りがなかったことに安堵した。マイナス金利の導入で収益の減少が懸念されていただけに、これ以上の収益減少の可能性が低下したことは、銀行関係者には好意的に受け止められたのだ。


その一方で、債券市場関係者は、国債買い入れの増額がなかったことにより国債先物が暴落したことで、日銀に対する恨み節も聞かれた。しかし、そもそも日銀の政策に乗って買い進み、それをこれまで収益にしてきたのだから、このような事態になっても文句はいえまい。

それでもＥＴＦの買い入れ額の増額で、株価を支えられる可能性が高まったことは、株式市場関係者を少なからず喜ばせることになった。年間6兆円という買い入れ額は、客観的にみればとてつもない数字であるからで、株価上昇への期待感が高まるのも無理はなかった。

ＰＫＯそのものであるＥＴＦ買い入れ増額

ところで、日銀によるＥＴＦの買い入れ増額という、人為的な株価操作ともいえる政策は奏功するのだろうか？

過去にも同様の政策が行われた歴史があるが、最終的には失敗に終わったというのが市場の評価である。誰が何と言おうと、日銀のＥＴＦ買い入れ増額は、文字通り株価維持策（ＰＫＯ）そのものであり、実体経済の好転や物価上昇に直接つながる政策ではない。

「株価が上昇すれば、センチメントが好転し、景気はよくなるではないか」との反論もあろう。しかし、日経平均株価が2万円に達しても、そのような状況にはならなかったことは事実であり、それまでの政策の効果の持続性がまったく見られなかったことも紛れもない事実であった。

この結果から、今後もこうしたＰＫＯ政策の効果はきわめて低いと考えるべきだ。

もちろん、株価は安いより、高いほうがよい。しかし、株価が上昇する背景が、企業業績の拡大という健全な理由でない限り、持続は困難である。

とにもかくにも、現在の日本株は極めていびつな構造になっている。中央銀行が株式を購入して市場に介入しているのは、日本だけである。

このような市場に対して、日本株の買い手と期待される外国人投資家が再び参入するかはきわめて疑問だ。

なぜなら、プロの投資家はこのような歪んだ市場に買いで参加することをもっとも嫌うからである。もっとも、一部の短期トレードを行うヘッジファンドなどは、割り切って参入するかもしれない。しかし、彼らが長居することはないだろう。

ここでの重要なポイントは、日銀のＥＴＦ買い入れ額の増額で、実態の株価との乖離が拡大する点にほかならない。

これまで日本株を不安定にさせてきたドル円は引き続き円高傾向が続いており、この方向性は当面変わりそうにない。

日銀のＥＴＦ買いで株価のゆがみが一段と加速した背景には、ドル円と日経平均株価のこれまでの関係に大きな乖離ができてしまったことがある。

ここにきて日経平均を東証株価指数（ＴＯＰＩＸ）で割って算出するＮＴ倍率は、99年3月以来の高水準を付けている。これはＩＴバブル以来の水準であり、いかにおかしなことになっているかが容易に理解できよう。

日銀ETF買入額と日経平均

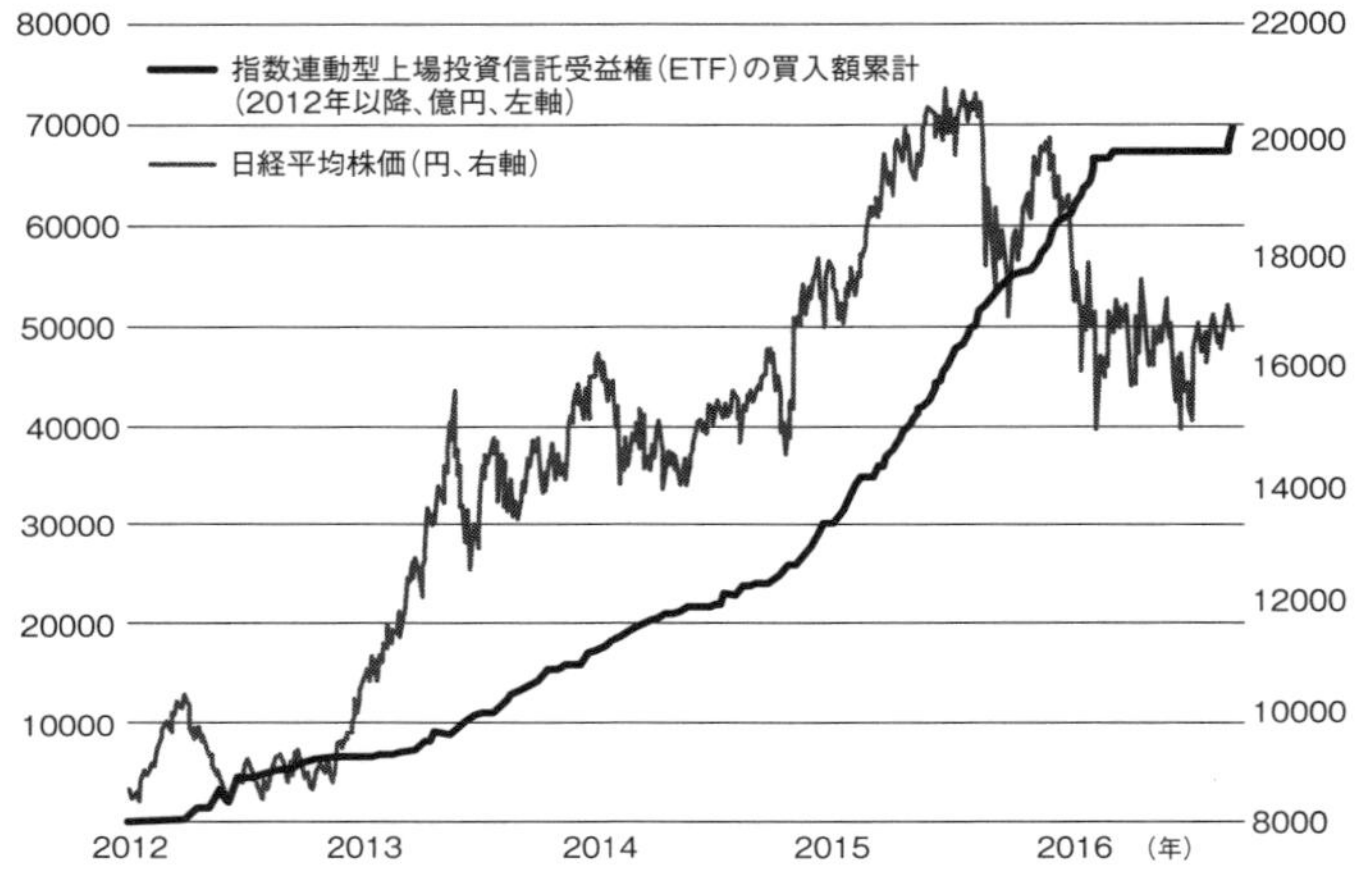

NT倍率と日経平均

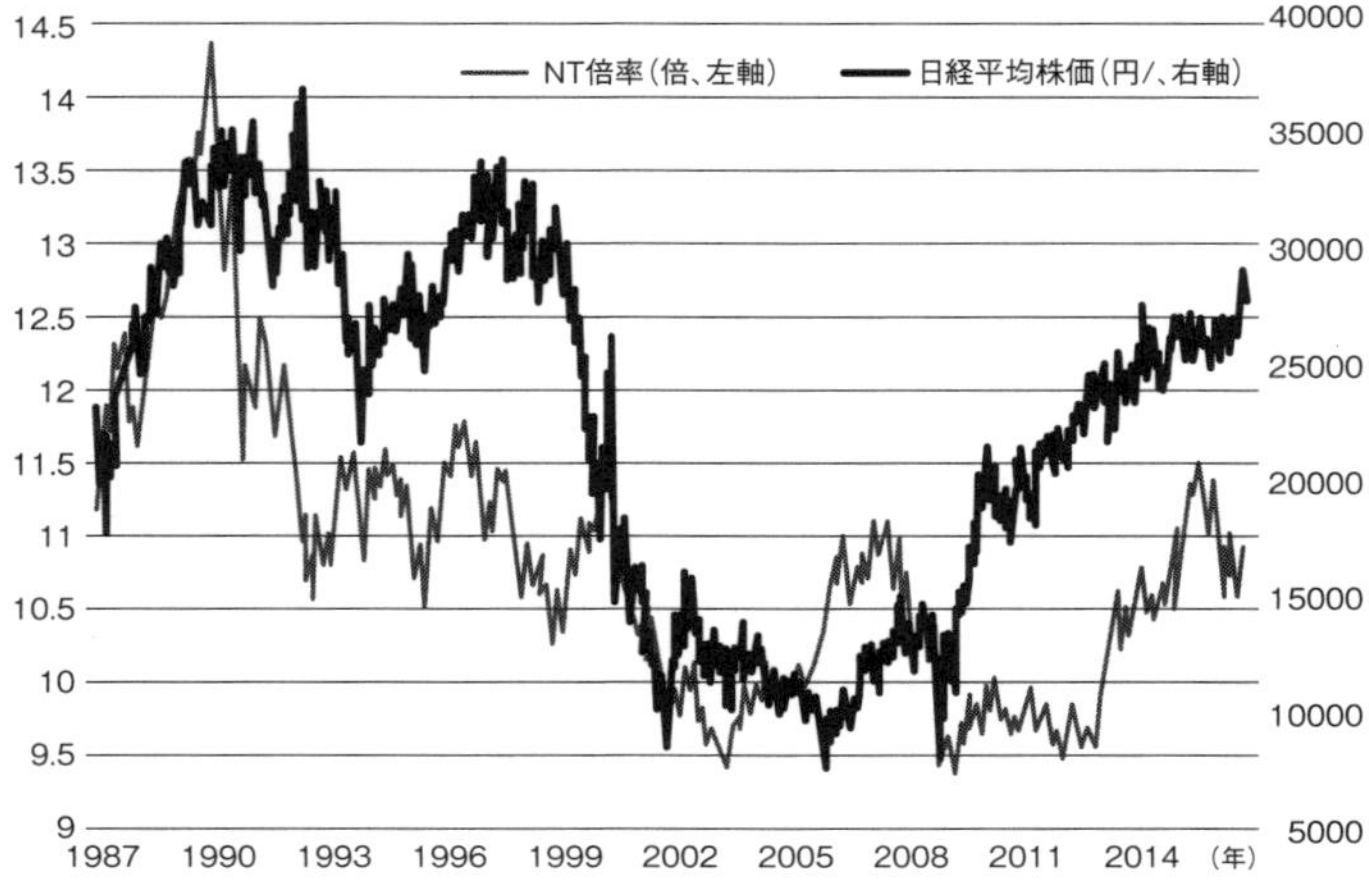

この歪みはいずれ解消されることになる。

日銀がＥＴＦの買い入れ額を年6兆円に倍増したが、購入するＥＴＦの大半が日経平均に連動したＥＴＦとみられており、指数を構成する２２５銘柄に資金が向かいやすいことが、ＮＴ倍率の上昇につながった。

3年半ぶりの低水準に落ち込んだ外国人投資家の日本株配分比率

これらの動きを受け、日本株の運用歴が長い投資家ほど日本株を敬遠するようになっている。なぜなら、個別企業の実態が株価に反映されないからである。事実、ＥＴＦ買い入れ増額前後の外国人投資家の日本株配分比率は3年半ぶりの低水準に落ち込んだ。

中央銀行のＥＴＦ買いは世界的にも極めて異例の政策との認識であり、この見方は正しいだろう。日銀のバランスシートにはすでに9兆円のＥＴＦが積み上がっているが、17年にはこれが18兆円規模まで膨らむ可能性があると予測されている。

外国人投資家が懸念するのは、前述したように、日銀のＥＴＦ買い入れ額の拡大により、個別企業の実態と株価との乖離が大きくなり、正しい投資判断ができず、結果的に投資に踏み切れなくなることであった。

2012年12月から2015年12月までのドル円と日経平均の関係

ドル円	日経平均	ドル円	日経平均	ドル円	日経平均
125	20130	115	17710	105	15290
124	19890	114	17470	104	15050
123	19640	113	17220	103	14800
122	19400	112	16980	102	14560
121	19160	111	16740	101	14320
120	18920	110	16500	100	14080
119	18680	109	16260	99	13840
118	18430	108	16010	98	13590
117	18190	107	15770	97	13350
116	17950	106	15530	96	13110

ドル円と日経平均の関係

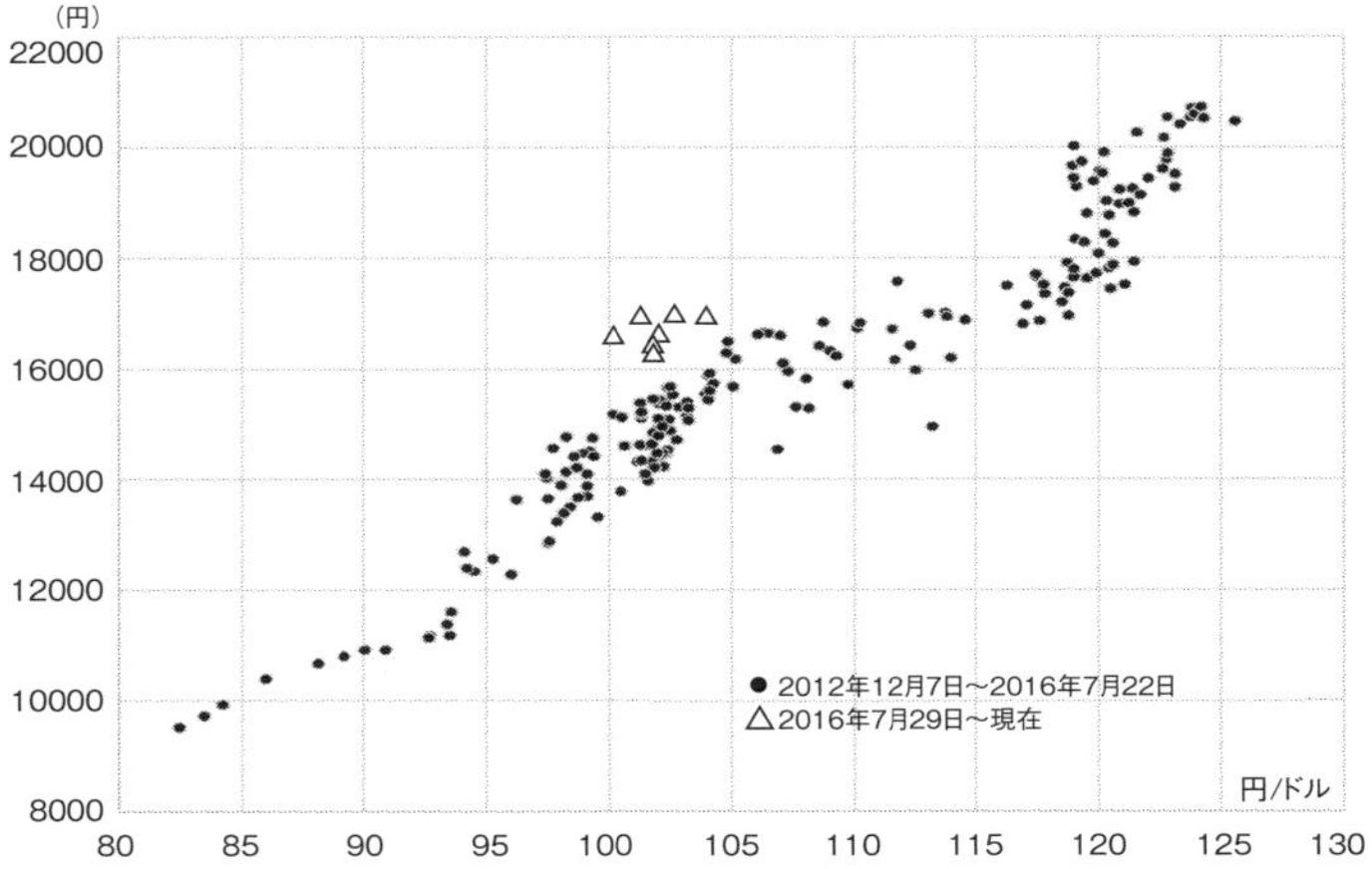

もっとわかりやすくいえば、ＥＴＦの買い入れ増額で、日経平均株価に〝割安感〟が薄まることであった。買い入れ額の増額から少し経った２０１６年8月半ばには1万６５００円前後で推移したが、その間のドル円は１００円割れを試すほどの円高水準だった。

株式市場関係者からは「日本株は円高の影響を受けなくなった」、「円高でも株価は上昇する」といった、将来の株高を期待する声が多く上がった。

しかしながら、これは一歩引いてみれば誰でもわかるように、日銀の買いが株価水準を無用に押し上げており、ドル円との乖離を生じさせていただけであった。

ちなみに、アベノミクス相場が始まった２０１２年12月以降のドル円と日経平均株価の関係から試算される、ドル円が１００円の水準の場合の日経平均株価の理論値は1万４０００円程度であった。

人為的に吊り上げられた株価と理論値の乖離が修正されないことはないはずである。

この乖離を埋めるには、相当の円安になる必要がある。しかし、残念ながらその可能性はほとんどない。つまり、ドル円が円高水準で推移する限り、日本株の調整は〝不可避〟であろう。

1ドル80円ならば日経平均株価は９０００円まで下落する

「国是・国策に売りなし」という相場の格言がある。政府や中央銀行の政策に逆らって空売りすると、必ず失敗するという意味だ。

しかし、「国是・国策に売りなし」には重要な条件が付く。それは、「ただし、その政策が正しい限りにおいて」という条件である。

政府・日銀などの主体が市場に直接介入すれば一時的に効果はあるかもしれないが、いずれ大きな調整を持って終了するというのが筆者の持論である。

現在、日銀が行っている政策はまさにその典型であり、結末は見えていると筆者は考えている。問題が大きくなる前に、政策の縮小あるいは停止を早めに行うべきだろうが、そうすれば日銀はこれまでの政策が失敗だったことを〝認める〟ことになるため、絶対にできない。

そうなれば、被害が甚大になり、責任論が高まることによってのみ、政策が打ち止められる。その頃の日経平均株価がどの程度の調整になっているのか、想像しただけで恐ろしい。

ここで、為替のところで行ったように、きわめて単純な計算により、日経平均株価の水準をドル円の観点から想定してみたい。

２０１２年12月以降のアベノミクス相場開始以降のドル円と日経平均株価の相関から想定される、日経平均株価の理論値は、ドル円が１００円のケースで１万４１００円である。95円で１万２９３０円、90円で１万１７５０円、85円で１万１５７０円、80円で９３９０円、75円では8200円である。

2020年ごろに65円程度まで円高が進むとの試算が可能な状況のなか、日経平均株価は一時的にせよ、6000円程度まで下落する可能性があるとの試算になる。

このような水準になる前に、何かしらの動きはあるのだろうが、80円程度までの円高を標準的なシナリオと考えるのであれば、日経平均株価は9000円程度までの下落は十分にあり得るとの計算になる。

日銀はあと数年間、ETFを買い続けることができるのか。

そうでなければ、株価は円高基調の継続を条件に、上記のような水準にまで下げてもまったくおかしくない。いや、むしろ下げるべきである。

日本の主要企業の収益構造や事業内容などが大きく変わらない限り、日本株はドル円の変動の影響を受けざるを得ない。

その場合、やはり円高は日本株の重石にならざるを得ない。以前のように、円高でも株高の関係を取り戻すには、株高になる独自材料が不可欠である。

そのような状況にならない限り、円高と株高の併存は難しい。逆にいえば、全員参加型のバブル相場の様相にならない限り、為替相場を無視した株高は想定しづらいといえる。

7000円台にまで戻しても何ら不思議ではない日経平均

一方、株価収益率（PER）から見れば、日本株は割安との見方も少なくない。しかし、PERの割安感は将来の期待が強い場合に、株価の上昇で修正されるものであり、12倍は割安で、16倍は割高と単純に決めつけることはできない。

さらに、そのときどきでPERの水準に対する評価は変わることが多いことも、十分に理解しておく必要がある。

筆者は市場がPERに注目する状況のときには材料視するが、むしろ株価全体の方向性や為替との関係、テクニカル指標を見ながら投資戦略を構築するのが賢明だと思う。

これらを総合すると、ドル円の円高継続を前提とすれば、日経平均株価が底値を確認するのはかなり先になりそうである。繰り返すが、あくまで円高継続、市場がバブル化しないことが前提となる。

その場合、真の買い場は9000円台に入ってからとなろう。企業の円高に対する耐性が高まり、これまでのドル円と日経平均株価の関係はより希薄になるかもしれない。それでも、円高が相応に進めば、その影響から逃れることはできない。この点だけは譲れない。

だが、円高でも日本企業がまったく問題ない状況になれば、話は違ってくる。

日経平均採用銘柄の過半数が円高でも収益が上がるような収益構造になるか、あるいは円高分以上の収益性の向上及び売り上げの拡大がみられれば、円高でも企業業績が向上し、株価は上昇するかもしれない。

しかし、3年程度でこのような構造に転換するとは、筆者にはとても思えない。

極度の円高となり、日経平均株価が7000円程度まで下落し、底値が想定より最大で2000円程度の下押しとなることもあり得るだろう。

そもそも、2015年までの株価の上昇局面のスタート地点は7000円台である。日本経済が安倍政権が想定するようなペースで拡大せず、円高が進む一方であれば、この水準にまで戻しても何ら不思議ではない。

いまの時点で株価水準がどのようになるかを予測することはほぼ不可能である。しかし、第1章の為替見通しを前提にするのであれば、今後の日本株にはきわめて厳しい状況が待っていると言わざるを得ない。

円高基調が続く限り、当面はのんびりと下落相場を眺め、買い場を待つのが得策になりそうである。

日経平均株価についての考え方

- 円高基調が続けば、株価の上昇は最終的には困難である
- 日本の主要企業の収益構造や収益性が格段に向上しない限り、円高の影響は免れない
- 上げた株価はスタートラインまで戻すことも念頭に入れておく
- 日銀による人為的な株価操作は、最終的には株式市場に悪影響をもたらす
- 日本株の最大の買い手になり得る外国人投資家は歪んだ株価を敬遠する
- 景気回復・円安・株高を連想させる政策に期待しても仕方がない

第3章

なぜ米国株は過去最高値を更新し続けるのか

日本企業に比べて目覚ましい成長の可能性を秘める米国企業

仮に筆者が社会人になった1990年に戻って、積み立て型の投資を行うとすれば、どのような投資対象を選択するだろうか？

おそらく、その答えは「米国株」であろう。それもダウ平均株価やS&P500といった株式指数そのものを買うだろう。

こんな単純な投資手法でも、実際にはきわめて高いリターンを得ることができていたのである。そのような都合のよいことがあるのかと訝る向きもあるだろうが、トータルで見れば、米国株に勝るものはない。

問題は「将来もこれまでと同じように、高値を更新し続けるのか」という点になろうが、この点についても大きな問題はないと考えられる。以下は、筆者の米国株推奨の論拠である。

米国は企業の新陳代謝が激しい。さらにイノベーションの発信地であり、常に新しい産業が立ち上がっている。これが時代を牽引し、世界に新しいサービスや製品を提供し続けている。なかには、その裏方を日本企業が担っている場合も少なくないのだが、アイディアが豊富なのが米国の特徴である。

この豊富なアイディアを用いて常に新たな市場を創出し続け、世界がそれを利用するモデルである。新しい米国企業が生まれ続け、世界の投資家がその企業への投資を行い、結果的に米国経済は成長し続け、米国株は高値を更新し続けるだろう。

また非常に大きいのが、米国の人口面におけるアドバンテージであろう。

経済規模と株価動向は切り離すことができない。この点において、米国は株価が上昇し続ける素地があり、日本との決定的な違いでもある。人口が増加し続ければ、経済のパイは大きくなる。結果的に経済規模が大きくなり、ＧＤＰが拡大する。

一方、人口の減少に歯止めが利かない日本は、成長余地が極めて小さくなっており、縮小均衡に向かっている。これでは経済規模の拡大は望めず、結果的の株価の上昇も見込みづらいことになる。きわめて単純な考え方ではあるが、人口の伸びと株価動向を見る限り、この考え方はそれほど間違っていないように思われる。

また、就業人口数の動向も併せてみれば、やはり同様の傾向にあることが確認できる。就業者数が増えているということは、経済規模の拡大に伴って企業サイドに雇用を拡大する必要があるということになる。一方、日本はこのトレンドが下向きになっている。これこそが、結果としての経済規模の縮小であり、企業の雇用余力の低下である。結果的に、株価は上がりづらいということになる。

このように考えると、日米の株式のどちらに投資したほうが優位かはきわめて明確である。

日米の就業者数

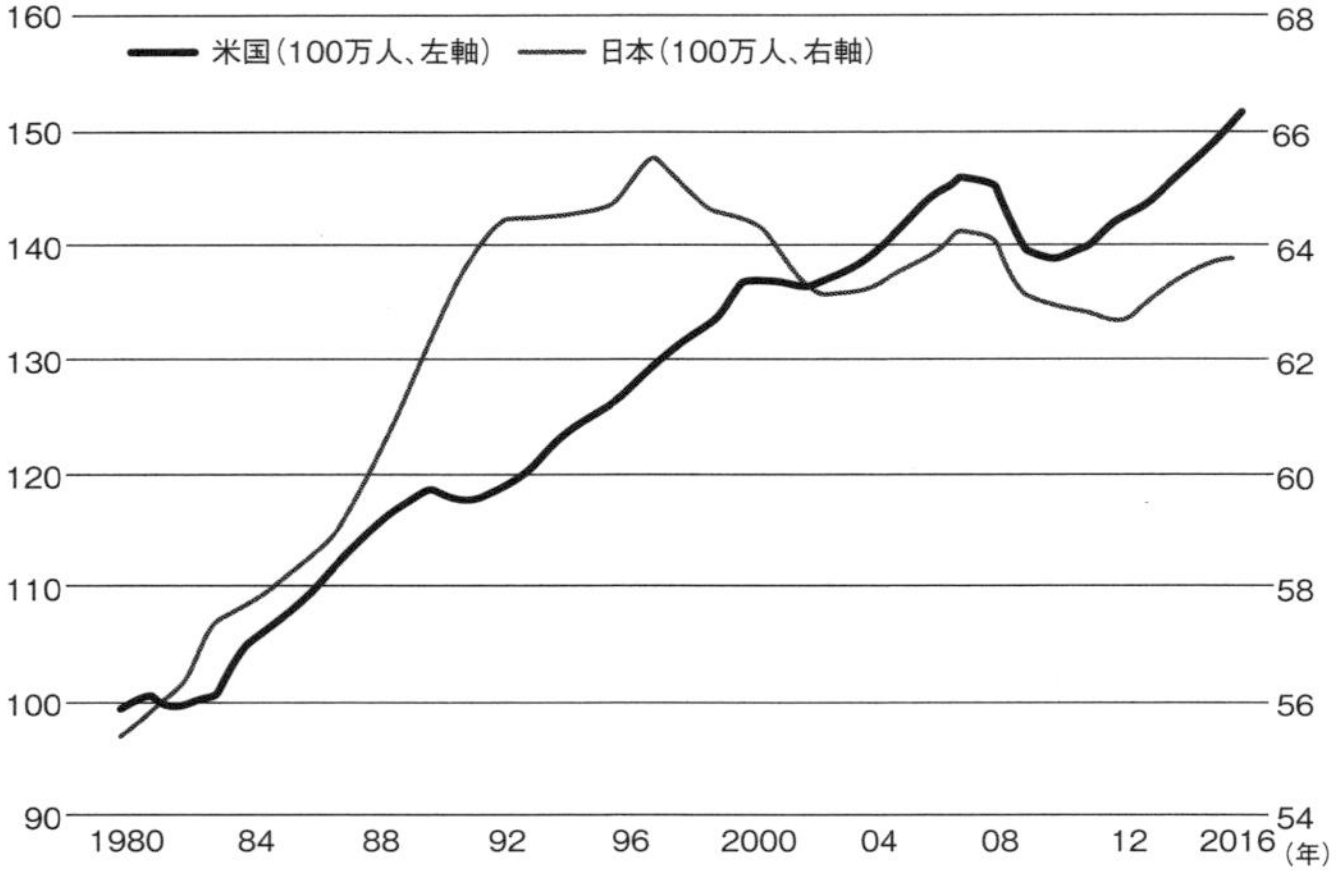

日米の人口の推移

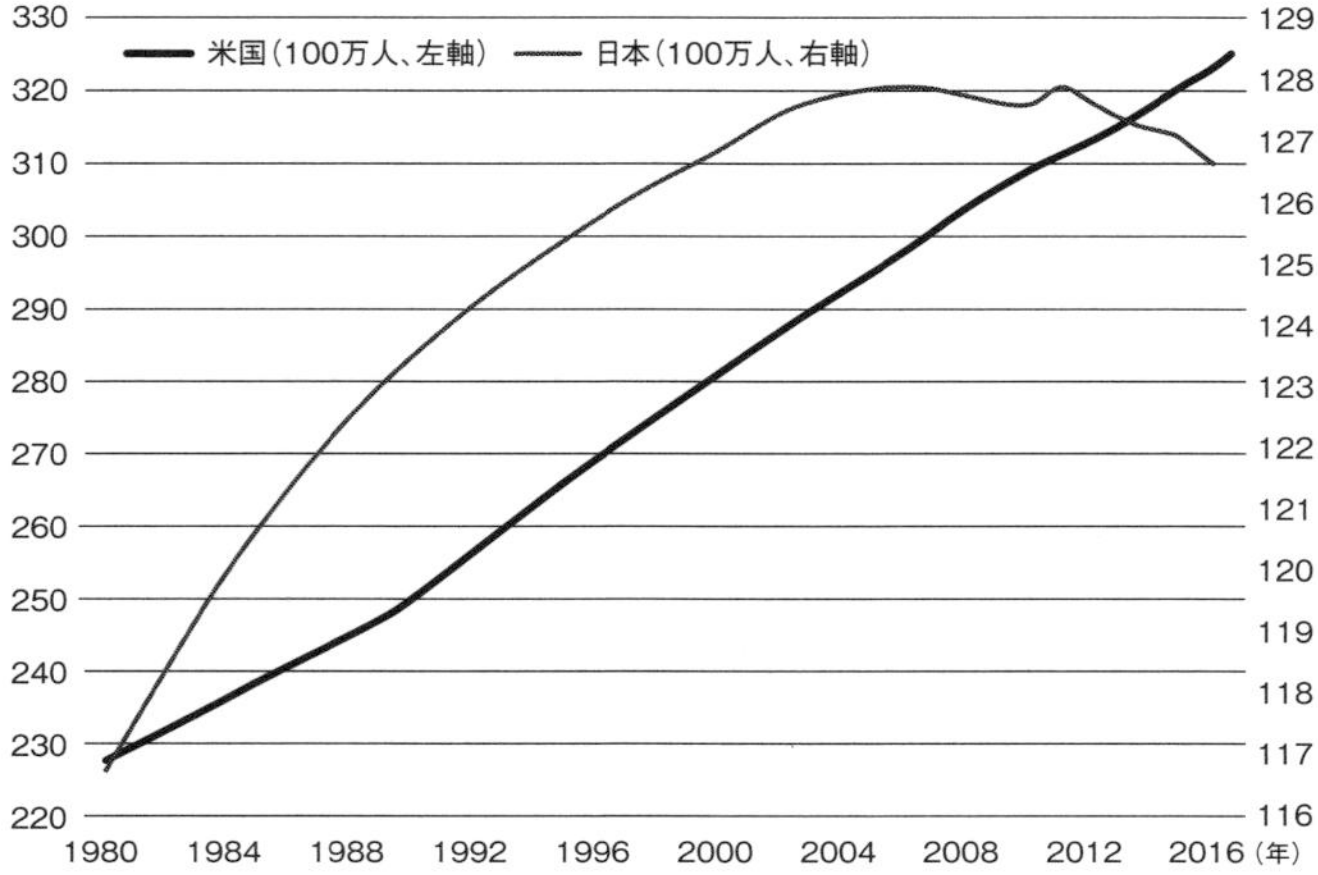

日本が米国のように移民を受け入れる政策を採る、あるいは経済規模の拡大につながるような政策を導入し、事実として経済規模が拡大するような方向になれば、株価の上昇も見込めるだろう。しかし、現在の安倍政権にその期待をかけるのは、残念ながら賢明ではないだろう。

リーマン・ショック後の急落を5年5ヵ月をかけて回復させた米国株の底力

米国株の成長性は他国に比べても相対的に高い。

それを反映したのが米国株の上昇基調である。米国の代表的な株価指数であるダウ平均株価は、直近でも16年7月から8月にかけて連日のように高値を更新し、1万8500ドルを超えた。同年5月の雇用統計が軟調な内容だったことや、6月23日の英国のEU離脱などを背景に下落したが、その後は急速に値を戻すなど、まさに米国株の底力を感じる値動きを見せた。

このように、これまでの米国株は苦しい状況を必ず乗り越え、新たな力を生み出し、過去最高値を更新してきた。

当時のダウ平均株価をみると、2007年10月に1万4198ドルの高値をつけたが、その後のリーマン・ショックを経て、6500ドルを割り込む水準にまで下落した。つまり、株価指数が半値以下になった。

その後、2007年10月の高値を回復したのは2013年3月で、5年5ヵ月もの日数が必

米GDPとダウ平均

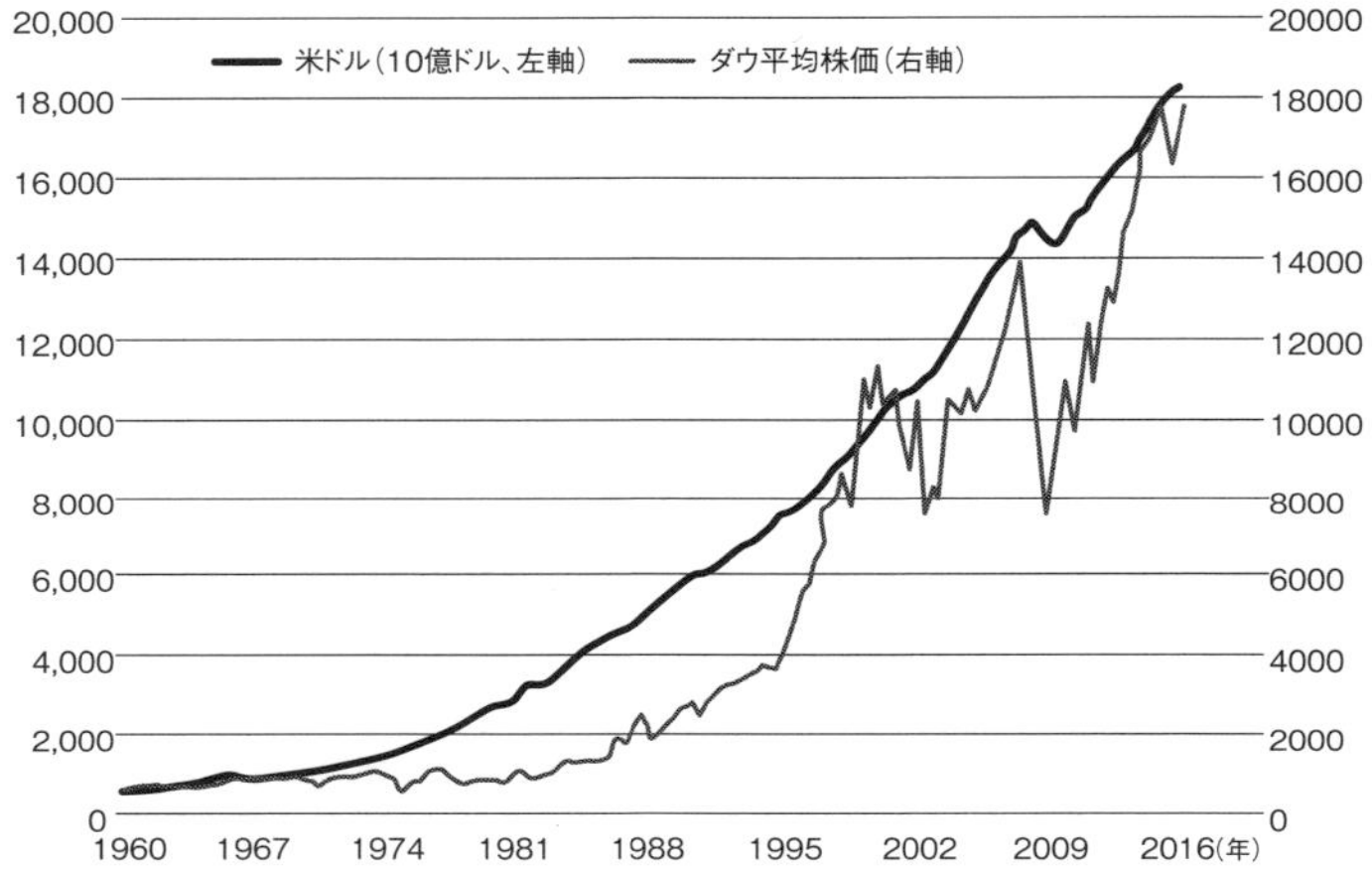

要だったことになる。当時の下げはそれだけ厳しかったわけだが、それでもその後は年月を掛けながら、さらに高値を更新しているのである。

結局のところ、このような苦しい時期に粛々と投資を〝継続〟しておけば、最終的に報われるのが米国株の特徴である。日本株ではこうはいかない。

バーナンキFRB前議長に対する毀誉褒貶

米国株の特徴として挙げられるのが、金融危機時の政府・金融当局の対応である。この点も、日本とは大きな違いがある。

振り返ると、2007年のサブプライム住宅ローン危機に端を発した米国バブル崩壊は、サブプライムローンなどの資産価格の暴落を引き起こした。

住宅市場の大幅な悪化に加え、これらをきっかけに危機的状態となっていたファニー・メイやフレディ・マックなどの連邦住宅抵当公庫に対して、さまざまな対応がとられた。

しかし、それでもサブプライムローンの延滞率は低下せず、住宅差押え件数も増加を続けたことから、2008年9月8日には財務省が追加で約3兆ドルを追加融資することを決めた。これは「大きすぎて潰せない（Too Big to Fail）」企業の最初の事例になったと言われている。

しかし、同様に苦境に立たされていたリーマンブラザーズは政府の救済を得ることができず、2008年9月15日に連邦倒産法第11章の適用を連邦裁判所に申請した。これにより、同社が発行している社債や投信を保有している企業や取引先への影響を懸念する動きが強まり、負債総額約6000億ドルという史上最大の倒産となった。その結果、連鎖的な世界金融危機を招くことになった。

これを受けて、2008年10月3日に当時のブッシュ大統領は、金融システムに7000億ドルの金銭支援をするための法案（TARP＝Troubled Asset Relief Program）に署名するに至ったわけである。

このように、米国には企業に対して厳しい面があるものの、一方で市場や経済の枠組みの崩壊を避けるためには、大規模な支援策を講じ、必要な企業を救済する枠組みを短期間でつくり上げ、それを徹底的かつ大胆に行う実行力がある。これは、1998年のLTCM（Long

Term Capital Management）の破綻危機の際にもみられたとおりである。

またリーマン・ショックが起きた際には、金融緩和も積極的に行った。２００６年２月にＦＲＢ議長に就任したバーナンキ氏は、２００８年に発生した金融危機でゼロ金利政策など緩和政策を実施し、金融機関の救済に当たった。

２００９年３月から１年間は、住宅ローン担保証券などを１・75兆ドル買い入れる量的緩和第１弾（ＱＥ１）を実施。２０１０年11月から２０１１年６月には、米国債を６０００億ドル買い上げる量的緩和第２弾（ＱＥ２）を実施した。

ここは欧州債務危機が発生した時期に重なる。さらに２０１２年９月からは期限や総枠を設けない無制限な量的緩和第３弾（ＱＥ３）を実施するなど、積極的な緩和策を導入し、米国経済の立て直しに尽力した。

同氏には景気後退への対応で成果を上げたと評価する声がある一方で、金融危機への対応が遅れたといった批判や、金融危機を招いたのは資産バブルを放置したからであるとの見方もある。それでも、空前の金融危機を積極的な緩和策で乗り切った手腕は評価されるべきであろう。

バーナンキFRBと黒田日銀のスタンスの差異

バーナンキ氏が2014年2月にFRB議長を退任するまでの間、リーマン・ショックから欧州債務危機など、世界経済・金融市場を揺るがすような極めて深刻な問題が発生したわけだが、最終的には株価は回復している。

このような動きになった背景には、リーマン・ショック後にFRBが行った大胆な量的緩和と企業を選別した救済がある。金融政策の考え方や政府の市場および経済への関与の仕方の違いが、日米の株価の差に出ているといえるだろう。

リーマン・ショックの際には、さまざまな企業が苦境に立たされた。特に多くの金融機関は倒産の危機に見舞われていた。救済が必要だった企業は少なくなかったが、そのなかで米国政府がつぶしてはいけない企業とそうでない企業の選別を行った結果が、リーマン・ショックにつながったことはよく知られた事実である。

企業や金融機関の救済には甚大なコストがかかる。すべての企業を政府の負担で救済することはできない。政府のコストは国民の税金である。サブプライムローンの焦げ付きという事態が金融危機につながったとはいえ、経営責任も問われなければならない。

しかし、米国政府はAIGを救済し、リーマンブラザーズを倒産させたのである。この冷徹な取捨選択は、金融市場や経済の混乱を最小限に食い止めるために必要な措置だったといえる。

しかし、政府・ＦＲＢの誤算があったとすれば、リーマンブラザーズの倒産が思いのほか危機を増幅させた点である。

大手ではあったが市場を主導する立場ではなかったリーマンブラザーズを潰しても、問題ないと考えていたはずである。

しかし、市場はこれを「リーマン・ショック」と呼び、さらなる株価急落のトリガーにした。結果的に、これが金融市場の混乱の長期化につながったわけだが、これは生き残る力のない企業はつぶれてしまうという、資本主義では当たり前の論理に基づいた事態が起きたに過ぎない。

その後、大胆な量的緩和策が奏功し、米国経済に回復の兆しが見え始めたことから、バーナンキＦＲＢ議長は13年5月に量的緩和策の縮小を発表した。

これが「バーナンキショック」と呼ばれる株価急落を引き起こしたものの、すでに景気回復過程に入っていた米国株にとっては、格好の押し目を形成することになり、２０１３年12月に実際に量的緩和策の縮小が始まった際には、リーマン・ショック以来続いてきた非常事態からの脱却が宣言されるに至った。

このように、ＦＲＢによる量的緩和縮小のタイミングやその方法も効果的だったということであろう。ＦＲＢはこれまで国債を中心に毎月約８５０億ドルの資産を購入していたが、

2014年1月からはこれを750億ドルに減額。その一方で、失業率が6・5%を切ったとしても、インフレ率が目標を下回っている限りは緩和を継続するというスタンスを明確にした。

さらに金利引き上げについても、2015年頃になるという見通しを示し、市場に安心感を与えるようにした。次章で詳しく解説するつもりだが、市場に明確なメッセージを示し、安心感を与えるという姿勢は、現在の黒田日銀とのスタンスと大きく異なるといえる。

このように、FRBが出口戦略を進める一方で、緩和的なスタンスも継続することにより、金融政策の不透明性が完全に払拭された格好となった。

製造業の回帰を促すシェールオイル・ガス革命

ここからは米国のファンダメンタルズについて考察してみたい。

米国は今後も継続的に人口増加が見込める数少ない先進国である。たとえば同じ先進国のドイツなどは移民問題で苦しんでおり、米国のような方向に向かうとは考えにくい。

米国の人口は2020年には3億4000万人に、2025年には3億5000万人に増加する見込みである。人口はGDPの拡大においてきわめて重要な要素であることを考慮すれば、米国が中長期的にも成長を続ける可能性は高いといえる。

また米国はシェールオイル・ガス革命により、安価なエネルギー供給が可能となった。

人口増加に対してエネルギー供給が増えることは、非常に大きな意味を持つ。またこれまで米国がエネルギー・セキュリティーの問題を抱えていたことを考慮すれば、供給面に不安がなくなったことも、政治面に大きな変化をもたらすはずだ。

これにより、海外に拠点を移していた製造業が米国内に回帰する動きを加速させることが想定される。製造業が復活すれば、米国経済はさらに拡大するだろう。

加えて天然ガスの輸出により、米国の懸念材料だった経常赤字が改善している。米国は毎年のように多額の経常赤字を垂れ流してきた。その背景には、多くの製造業が中国など新興国に製造拠点を移したこと、さらに米国内で消費するエネルギーの多くを輸入に頼ってきたことなどがあった。

しかし、この二つの要因が、国内でエネルギーを自給できる体制になったことで、経常赤字までもが改善するに至っている。製造業の国内回帰で雇用が創出され、さらに税収が増えることで、財政赤字の縮小も見込まれる。

ただし、これにより中東依存度が著しく低下し、中東地域への関与や関心が薄れることが、世界の地政学的リスクの高まりを招くとの警戒もある。「世界の警察」としての地位は怪しくなりつつあるが、米国が今後も当面は世界経済の中心的な位置を占めることに疑いの余地はない。

毎月の主要経済指標で先陣を務める「ＩＳＭ製造業景況感指数」

成長性が期待される米国経済を反映する形で、米国株は長期的な上昇基調を続けている。２０１６年に入って上昇基調はすでに8年目に入った。これは、過去の上昇場面と比較すると最長である。このような基調が続くのか、あらかじめ知ることはなかなか難しい。

後述するように、米国株の暴落パターンをあらかじめ知っておくことは重要だが、まずは日々の動きやデータから、米国株の動向を見極めるうえで重要なポイントを理解しておきたい。

日々の米国株の動きをフォローする際、多くの投資家が重視しているのは、おそらく米国経済指標とＦＲＢの経済政策であろう。

しかし、これらの方向性を予測することは難しいだけでなく、そのような作業自体はあまり意味をなさないと筆者は考えている。特に経済指標は超短期的には株価に影響を与えるだろうが、より中長期的に考えるのであれば、あまり短期的な材料に執着しないほうがよいだろう。

株価と経済指標のどちらが先行して動いているのかを考えた場合、多くのケースで株価であるというのが一般的な理解といえる。

かたや経済指標の変化にも将来の株価動向を示唆するものはある。その意味では、見るべき指標を選別すべきだと思う。

ISM景況感指数とダウ平均

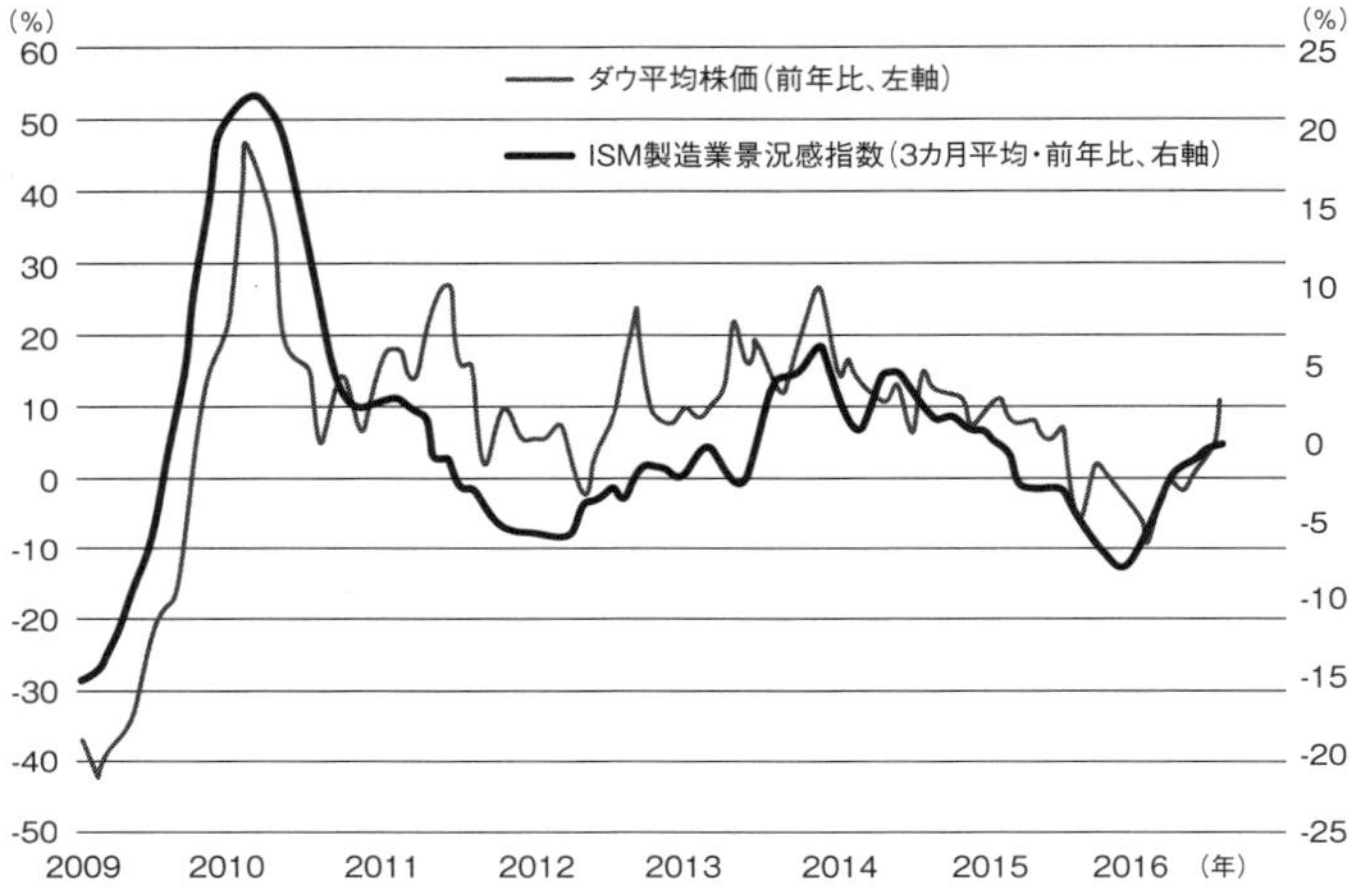

米国の毎月の主要経済指標で最初に発表されるのが「ＩＳＭ製造業景況感指数」である。この指数は毎月第１営業日に発表される、製造業の購買担当役員へのアンケート結果を元に数値化した「企業の景況感」を示すものである。

米国の製造業約３５０社の購買担当役員にアンケート調査を実施し、新規受注・生産・雇用・入荷遅延・在庫に関する項目について、１ヵ月前との比較において、「良い・変わらず・悪い」のなかから回答したものを集計し、季節調整を加えて発表される。

ＩＳＭ製造業景況感指数は、米国の主要指標のなかでもっとも早く発表される、企業の景況感を反映した景気転換の先行指標とされており、注目度はきわめて高い。

通常は指数が50を上回ると景気拡大、50を下回ると景気後退を示唆すると言われている。米国経済の成長度合いを見るうえで重要なＧＤＰに先行して景気転換を示唆するとも言われており、筆者もこの指数がもっとも重要であると考えている。

ＦＲＢが過去、同指数が50を下回っている際に利上げをしたことがなかったが、イエレンＦＲＢ議長が初めて50を下回った状態で利上げを実施した。その結果、株価が急落したことは記憶に新しい。

米国株との連動性がきわめて高い米非製造業指数

これに加え、最近では米非製造業指数の重要性も認識され始めている。これは製造業指数と同様に、非製造業購買担当役員にアンケート調査を実施し、回答したものを集計している。

ＩＳＭ非製造業景況感指数は、米国の非製造業（サービス業）における企業の景況感を反映した景気転換の先行指標とされているが、昨今では米国における産業に占めるサービス業の割合が高まっていることから、注目度はこれまで以上に高まっている。

筆者がなぜこれらの指標を重視しているのかといえば、この指標は米国株との連動性が高いからだ。重要なポイントは、このような指数を単純に高い・低い、あるいは上昇した・下落したと判断するのではなく、株価と比較することである。

これらの経済指標はあくまで投資判断に〝活用〟するのが目的であり、指数そのものだけを見ていても仕方がない。指数の説明であれば、エコノミストやアナリストに任せればよい。

これらの指標を投資判断に使うさい、筆者は製造業を7、非製造業を3の割合で合成し、さらに3ヵ月平均にして、これをさらに前年比でみるようにしている。

同様に株価も前年比でみると、この二つの指標が見事に連動していることがわかる。筆者のセミナーに参加された方は、筆者が常にこのチャートを示しているのをご記憶だろう。

米国の製造業の景況感を示す指標には、フィラデルフィア連銀製造業景気指数やニューヨーク連銀製造業景気指数などもある。しかし、筆者は速報性や指標の優位性などを考慮し、これらの指標はほとんど重視していない。

雇用統計よりはるかに重視すべき新規失業保険申請件数

筆者が重視しているもう一つの指標は、新規失業保険申請件数である。

これは「Initial Claims」と呼ばれており、米国内で1週間に新しく失業保険給付を申請した数をいう。

失業した人が初めて失業保険給付を申請した件数を集計したものであり、失業者が増えると

米新規失業保険申請件数とダウ平均

失業保険給付申請も増加するため、米国の雇用情勢の悪化を示すと考えられるからだ。この指標は毎週木曜日に発表されており、週次の発表であることから〝速報性〟がある。

ただし、1週間毎の数字のブレが大きいことから、一般的には4週平均を参考にすることが多い。

新規失業保険申請件数は、雇用統計における失業率の先行指標として使われることが多く、景気のピークやボトムに対して2、3ヵ月の先行性がある。また、毎月の雇用統計において発表される失業率より前に4回程度の発表があるため、この指標雇用統計のコンセンサスが形成されることになる。

筆者がセミナーなどで「雇用統計よりもこの指標のほうが重要」というのは、これが理由である。2016年に入って、申請件数が大幅に低下しており、米国の雇用情勢がきわめて堅調であることが示されている。

しかし、この数値が反転する、つまり申請件数が目に見えて増加するようになれば、米国景気に暗雲が立ち込めるサインになる。

それ以外の米国の経済指標を挙げると、小売売上高や製造業受注額、鉱工業生産指数・設備稼働率、耐久財受注額、新規新築住宅販売件数や住宅着工件数・許可件数など、切りがないほど多い。

それぞれの指標にも優位性はあるのだが、筆者はあまり必要性を感じていない。株価との比較では、どの指標も株価が先行しており、株価の方向性を分析するうえではあまり役に立たないからである。

この点は、投資判断をするために経済指標を見るという立場からすれば、最も重要なポイントであり、この点を間違えてはならない。

ダウ工業株30種平均に対して先行する「ダウ輸送株20種平均」

それ以外で重視すべきはやはり世界の主要株式指数でもっとも有名な「ダウ平均株価」であ

ろう。

この指標は周知のとおり、ダウ・ジョーンズ社が米国の多様な業種の代表的な銘柄を選出して算出されるものだ。

ダウ平均株価には、実は「ダウ工業株30種平均」、「ダウ輸送株20種平均」、「ダウ公共株15種平均」の3種類があることは、あまり知られていないようである。そのなかでもダウ工業株30種平均がもっと知られた存在であることはいうまでもない。

同指標は1884年以降、ダウ平均の名称で公表されていたが、現在のように構成銘柄が30になったのは1928年からだ。当初から継続的に採用銘柄となっている企業は石油スーパーメジャーのエクソンモービルのみである。

ゼネラル・エレクトリック（General Electric＝GE）は、途中で外された時期があり、継続的には採用されていない。

ダウ工業株30種平均の特徴は、工業関係の企業・銘柄だけでなく、時代の変遷に合わせて情報通信業や医療などのサービス業といった多種多様な企業・銘柄を取り込みながら、入れ替えをきわめてタイムリーかつ的確に行ってきた経緯がある。

指数には、アップルやマイクロソフトなど、最近になって拡大してきた企業も含まれており、まさに企業の栄枯盛衰・新陳代謝を明確に表しているといえる。

ダウ平均と輸送株指数

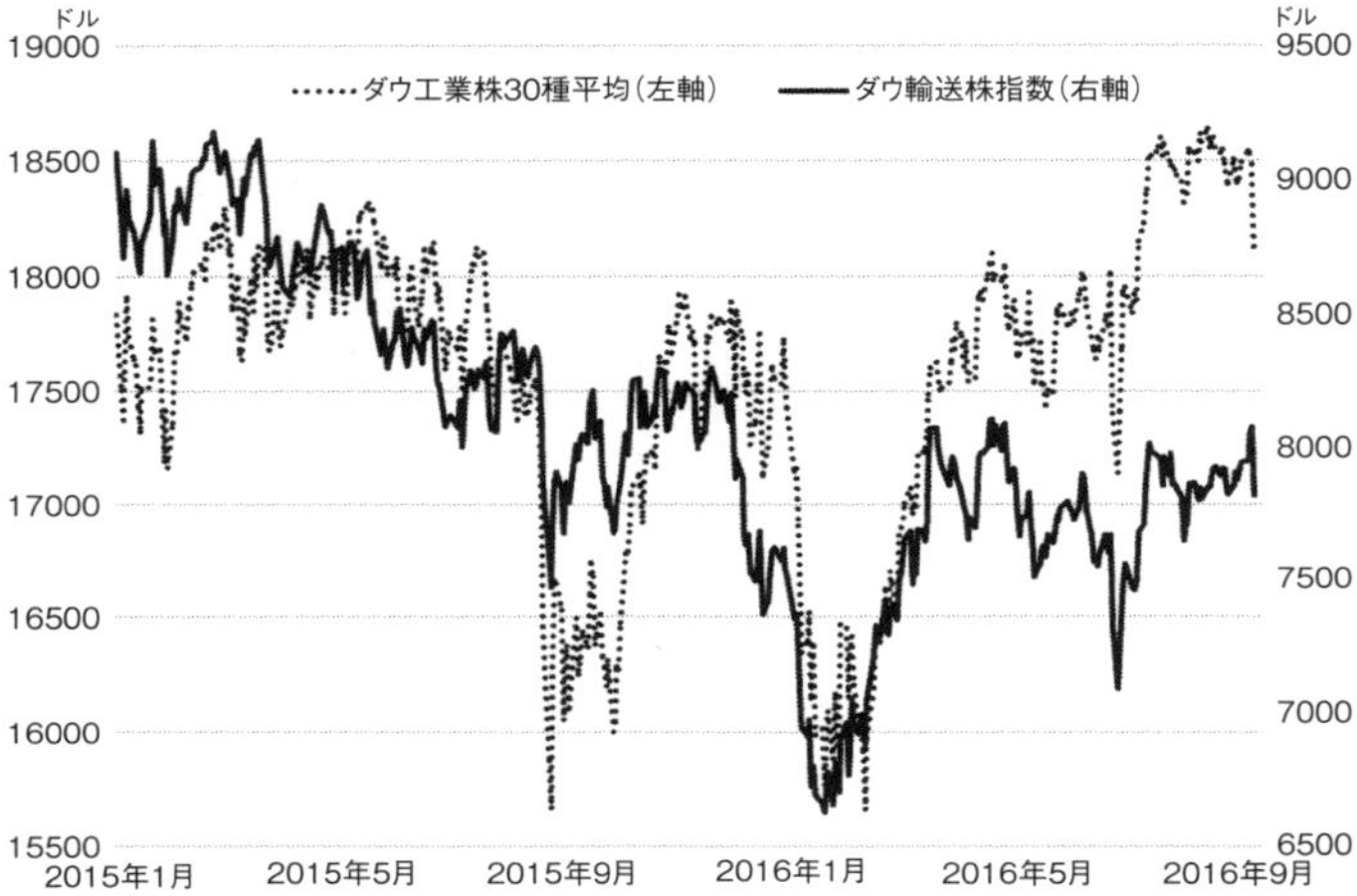

ダウ平均と公共株指数

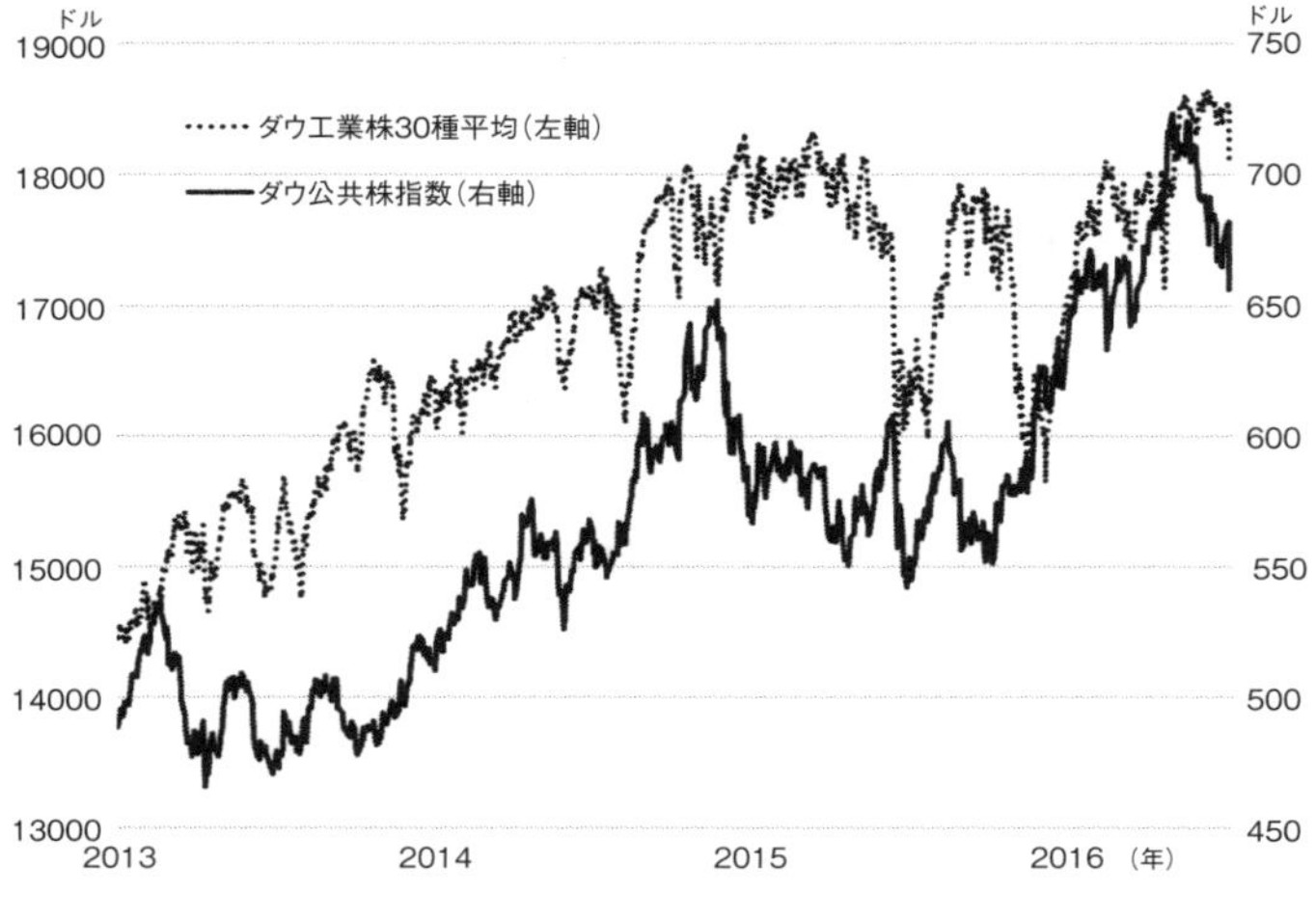

だが、筆者がとりわけ重視するのは、ダウ工業株30種平均ではなく、輸送株指数のほうである。この指数は1896年にダウ平均とは別に算出が開始されたが、同年の9月に「ダウ鉄道株平均」に名称が改定されたことからもわかるように、輸送関連の企業・銘柄が株価指数の算出対象である。

従来は鉄道主体だったが、その後の輸送手段の多様化を反映して、1970年から現在の名称に変更された。

なぜこの輸送株指数を重視するのか。ダウ工業株30種平均に対して先行して動く傾向があるのにほかならない。

直近でその傾向がもっとも顕著にでたのが、2015年8月に起きた「チャイナ・ショック」であった。

当時は株価が急落したわけだが、そのかなり前から、輸送株指数は天井を打って下落に転じていた。当時の株安は中国人民元の突如とした切り下げが原因とされたが、それよりもかなり前に輸送株指数が株価下落を示唆していたのである。

その後、米国株は全般的に回復したものの、輸送株指数の戻りはダウ工業株30種平均と比較するとかなり鈍い。

つまり、ダウ工業株30種平均がその指標性を背景に買われた一方、実体はそれほど良くはないことが示されていた可能性が高く、このずれが近い将来の米国株の下落を示唆していたのだ。

もう一つのダウ平均指数である「ダウ公共株15種平均」については、いわゆる電気・ガスなどのディフェンシブ系の企業・銘柄が採用されている。

したがって、景気がやや鈍化している際や、株価全体の上値が重くなってくると、一時の退避先としてディフェンシブ銘柄が買われ、この指数が上昇することがある。これは株価の天井が近いことを示すことがある。

逆に、この指数までもが下げ始めると、いよいよ株価全体も厳しい状況になりつつあると判断できる。この点からも、公共株指数の動向も併せてみておくと、株式市場全体の流れを見極めることができるはずである。

要注意すべきは長短金利差の動向

米国の株価動向を見るうえで、先に解説した指標のチェックはたしかに重要であるが、どうしても忖度せざるを得ないのがＦＲＢの金融政策の方向性であろう。

筆者が懸念するのは、ＦＲＢの金融政策の不透明感が以前に比べてやや高まっている点である。

日銀ほどではないにしても、市場との対話にやや〝疑念〟が生じ始めているとの印象が強くなっている。FRBの金融政策は、米国のみならず、世界経済や金融市場に大きな影響を与えるだけに、今後もっとも重視すべき指標の一つであることに変わりない。

また、金融政策との関係でいえば、米国債の利回りへの目配りは不可欠だ。金融関連業務を生業とする人間からすれば、国債の利回り動向はすべての市場における重要な物差しである。特に米国債の利回り動向は、将来の株価を占ううえできわめて重要な指標である。

なかでも一つだけ重要なポイントを挙げるとすれば、長短金利差の動向である。通常、短期金利のほうが長期金利よりも低い。

しかし、この二つの金利差が縮小し、さらに短期金利が長期金利を上回るようなことになれば、市場からの調達金利の負担が大きくなる。このような状況では、景気は過熱しており、金融当局は利上げをする必要が出てくる。

結果的に、先行して動く株価が上値を抑えられ、下落に転じ、のちに景気も沈静化に向かうことになる。

短期金利は米国2年債、長期金利は10年債の利回りを見ておけばよいだろう。この二つの金利差が大きく縮小した時期が、この15年間に2回存在した。

米国2年債—10年債利回り差とダウ平均

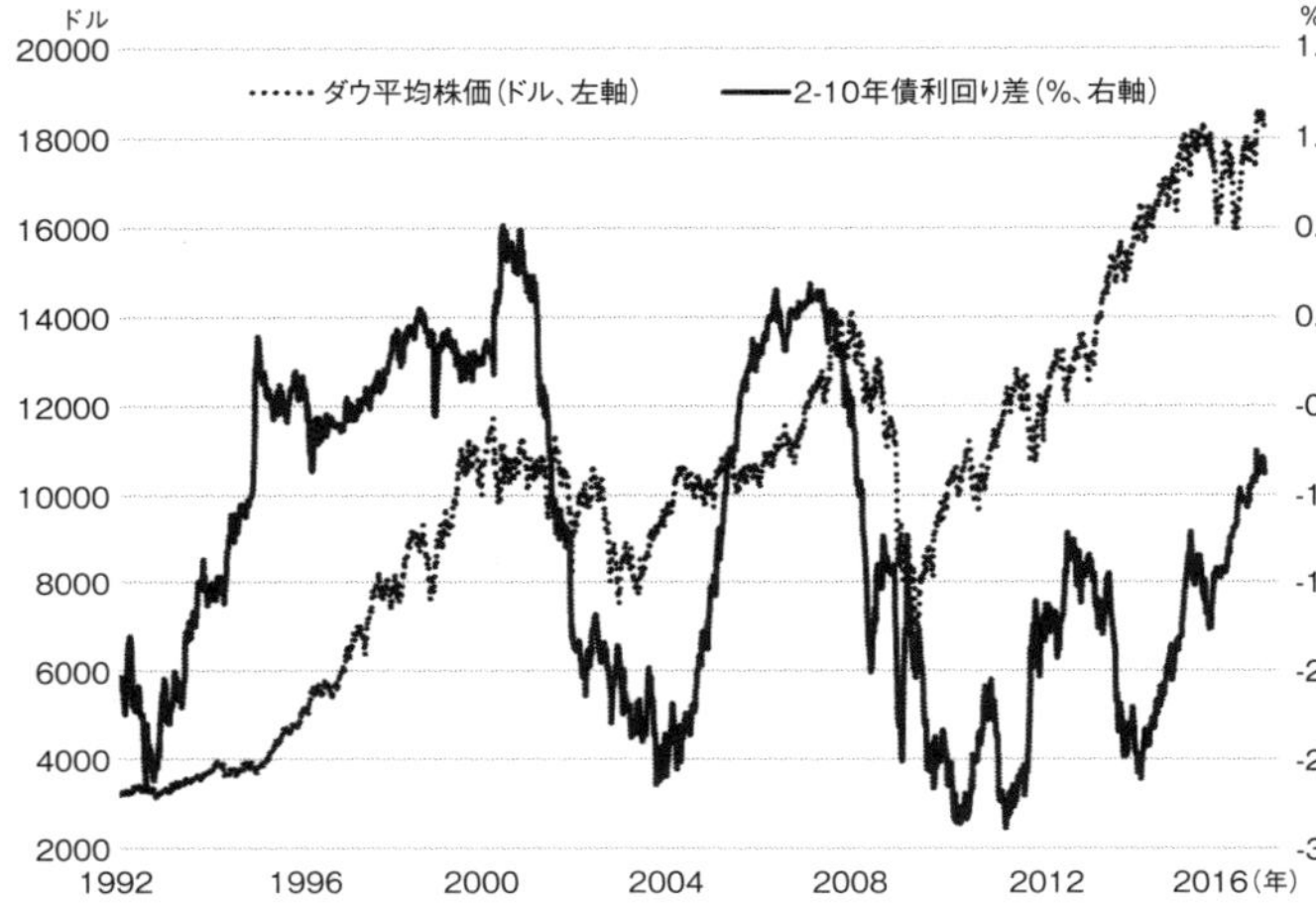

一つが２０００年のＩＴバブルの時期、もう一つが２００７年のサブプライム・ショックの時期であった。このように、象徴的なバブルが崩壊したときに、長短金利差がマイナスになっていた事実は重要なポイントだと指摘しておきたい。

２０１６年現在において、この長短金利差は徐々に縮小しているが、その絶対水準はこれらのバブル時ほどではない。

しかし、徐々に近づいているということは、何かしらのサインなのかもしれない。このようなところにもアンテナを張っておくと、あらかじめ市場の動きを見極める可能性を広げられると思う。

株価下落率が90%近くに達した1929年世界大恐慌

米国株はこれまで暴落しても、ある一定の期間をもってかならず株価が回復してきた。その復元力には驚愕せざるを得ない。

逆にいえば、何度も暴落といってよいほどの大幅な下げに見舞われた。それまで好調に株価が推移していたとしても、いずれは大幅な調整局面がやってくる。これは逃れられない必然であるともいえる。

株価上昇の最終局面では、必ずと言ってよいほど〝楽観〟が市場を支配し、高値を買う投資家が増えることで暴落の憂き目に遭ってきた。この点だけは、いまも昔も同じである。

重要なのは、世界経済の中心は米国であり、世界経済を牽引しているのは米国であるという事実である。

したがって、最終的な世界経済の動向を決めるのは米国であり、今後の日本株や他の株価指数の動きも、やはり米国株次第ということになる。

2015年8月のように、中国人民元の突如とした切り下げを背景とした「チャイナ・ショック」のようなことも起きることもあるとはいえ、それらはやはり一時的な影響しかない。やはり米国株の動きそのものをしっかりと見ていくことが肝要である。

そこで、過去の米国株の急落局面と反転を振り返り、今後の株価動向を見極めるうえでの参

ダウ平均(1921年～1945年)

考にしたい。

筆者がセミナーで必ず取り上げるのが、１９２９年以降の米国株の動向である。

米国株がいわゆる「大暴落」を経験したのは、１９２９年のウォール街に端を発した世界恐慌とリーマン・ショックの二度しかないといってよいだろう。

これよりも規模が小さい下落局面を上げるとすれば、１９７０年代のスタグフレーションを背景とした株価下落、１９８７年のブラックマンデー、２０００年のＩＴバブルなどが挙げられよう。

まずは、世界恐慌当時の動きをみることにしたい。

世界恐慌に至るまで、米国は空前の好景気にあった。第一次世界大戦ではいわゆる「戦争特需」が起き、終戦後に生産力が大幅に減少した欧州に代わり、世界最大の工業国としての地位を確立した。

当時の欧州は貿易赤字に悩まされており、経済的に厳しい環境にあった。これを尻目に米国はさまざまな製品を大量に輸出し、資本力を高めていく。そして、これらの資本を利用した購買力の急激な上昇が結果的にバブルを発生させた。

米国内の土地や株式には買いが殺到し、米国株は長期の上昇相場に入った。1921年には60ドル台だったダウ平均株価は、1929年9月には380ドルを付けるなど、6倍を超える上昇を見せた。しかし、その後は「暗黒の木曜日」と呼ばれる株価暴落が発生し、29年9月に高値をつけたあとはほぼ一貫して株価は下げ続け、1932年7月に40ドル割れ目前で下げ止まってから反転した。

この間の株価の下落率はなんと90％近くに達した。

当時の米国は「世界の工場」として生産能力を拡大させていた。したがって、需要がピークを過ぎると、必然的に設備過剰に陥ることとなった。また、株価や不動産価格が急騰したため、負債が増加し、株価が下落したあとはこれらが不良債権となった。このような構図は、現代も同じ図式といえるだろう。

ダウ平均(2001年〜2016年)

世界大恐慌とリーマン・ショックの相違点

他方、リーマン・ショックが起きた背景には、発生前の景気が非常に良いなかで、サブプライムローンと呼ばれる不動産担保ローンが拡大しすぎたことで、結果的に不良債権が積み上がっていた。この点においては、世界恐慌と似た面を持っていたようだ。

しかし、世界恐慌は過剰設備による需給ギャップの拡大と過剰投資による金融パニックが同時に発生した点では、リーマン・ショックとは異なるといえよう。

リーマン・ショックの際には、一時的には景気は大きく後退したものの、その後の立ち直りは想定以上に早かったことが、世界恐慌とは違うのではないか。

その点では、現在の中国の過剰なインフラ投資による余剰生産能力が依然として解消されていない点は、世界恐慌にも似た構図であり、かなり注意が必要である。

世界恐慌及びリーマン・ショック後の株価の回復過程については、かなり異なっているといえる。世界恐慌では、株価は88%下落し、反転までに35ヵ月を要した。対するリーマン・ショックは、ピークからの下落は54%であり、株価もわずか5ヵ月で底打ちし、反転した。世界恐慌に対してリーマン・ショック時にこれだけ短期間で株価が反転したのは、一つは経済危機が発生しなかったことと、量的緩和策という新しい金融政策による経済対策が実施されたことによる。

49%の下げに見舞われた1937年に酷似する2016年

筆者がより注目しているのは、世界恐慌時よりも、むしろ株価が回復して以降の株価動向である。これもセミナーでは毎回のように紹介しているのだが、1929年の世界恐慌後の株価回復後の株価動向がきわめて興味深いのだ。

ダウ平均株価は1932年7月に41ドルで底値を付けて回復基調に入ったのだが、その後の高値である194ドルを付けたのが1937年3月であった。しかし、その翌年の3月には98ドルの安値をつけ、約49%もの下げに見舞われた。その後、1942年4月にはさらに安い水準である92ドルまで下落した。

結果的に、世界恐慌後の高値である194ドルを回復したのは8年後の1945年12月である。1932年の株価回復過程で株価が下落に転じた理由は「利上げ」であった。つまり、景気が回復し、株価も上昇したため、FRBは安心して利上げをしたのだろう。しかし、その結果、株価は下落に転じることになった。

この1937年の年明け、株式市場の最初の取引日に、株価は1・46％もの下落を見た。そして、年末までに37・7％もの下落となった。

実は、リーマン・ショックが起きた2008年の年明け最初の取引日にも株価は1・44％下落し、年末までに37・6％下落したのだ。これほどまでに似たような動きになることは、そう起きることではない。この点でも、世界恐慌とリーマン・ショックは多くの点で類似性があるといえる。

ちなみに本年、2016年最初の取引日の株価は1・53％下落している。

1月は株価が急落したものの、その後は順調に回復し、本書を執筆している2016年8月時点までは過去最高値を何度も更新する堅調な動きを見せている。

しかし、8月末までの値動きは、1937年当時にきわめて似ていた。

筆者はこれを理由に、セミナーや寄稿原稿、メディアなどで「2016年9月以降の米国株の急落リスク」について解説してきた。

1937年当時はそこから年末にかけて30％を大幅に超える株価下落となったのだが、2016年はこれからどうなるのだろうか。

株価が大きく下落した政権政党の交代年

世界恐慌やリーマン・ショック以外にも、米国株は暴落に見舞われていると先に示した。

そのなかで1970年代のスタグフレーションによる株価下落、ブラックマンデー、ITバブルなどは確かに当時としては大幅な株安だったが、世界恐慌やリーマン・ショックに比べると規模はかなり小さかった。

しかしながら、ITバブルが2000年に発生し、その8年後の2008年にリーマン・ショックが起きたことを考えると、その8年後の2016年に何も起きないというのは、むしろ不思議な感がするのは筆者だけであろうか。

ちなみに2000年も2008年も4年に一度の米大統領選挙が実施されているが、ともに現職大統領が所属する政党から出た候補者が負けている。

つまり、政権政党の交代が起きたのであった。このようなとき、過去の事例を見ると、株価は大きく下落しているケースが多い。

2016年も米大統領選が実施される年だが、その意味では現職のオバマ大統領が所属する民主党の候補者であるヒラリー・クリントン氏が、共和党候補のドナルド・トランプ氏に敗れるようなことになれば、2016年の米国株は大きく下落する可能性があることになろう。

この点も毎回セミナーで紹介してきたが、このようなアノマリーとも呼ばれる、説明が難しいが、かなり高い確度で発生する事象は無視しないほうがよいだろう。

今後も米国では4年に一度、大統領選が実施される。このようなデータも念頭に入れておくと、株価動向を見極めるうえでの一助になるはずである。

長期上昇基調を続けながらも定期的に大幅安に見舞われる米国株

過去に米国株が下落した理由はさまざまである。

70年代の株安では、当時の米国は低成長とインフレに悩まされ、いわゆるスタグフレーションの状況に陥っていた。そのきっかけがベトナム戦争による財政危機、製造業の競争力低下、オイルショックを背景とした石油価格の上昇であった。

さらにドルの価値が低下し、オイルショックによる原油価格の高騰がインフレに拍車をかけた。事実、1970年から1980年の10年間に、米国の消費者物価は約2倍に上昇した。

このとき、金価格が当時の最高値を付けたことも興味深い。

この間の株価動向をみると、下げているというよりも、むしろ上値の重いレンジ相場といったほうが正しいだろう。上限は1000ドル、下限は600ドルといったレンジである。

ダウ平均株価は1980年に1030ドルの高値を付けた後は、82年に770ドルで底打ちしたが、その後は順調に回復しており、結果的に70年代は長期停滞期間であったというのが株価動向からみた感想だ。

70年代の株価低迷はスタグフレーションというマクロ要因にあるが、一方でブラックマンデーが発生した明確な理由はいまだに明快な説明がなされていない。

80年代初にはインフレ抑制のため金利が引き上げられ、米国経済は復活した。当時のレーガン大統領による「レーガノミクス」と呼ばれる規制緩和策の進展により、経済は好調に推移した。貿易赤字と財政赤字という「双子の赤字」は当時の問題点であったが、経済危機が発生するような状況ではなかった。

また85年には「プラザ合意」という歴史的な出来事があったが、これはドル安に転換させる政策でもあり、当時の米国の輸出企業にとってはよい環境だったと考えられる。

そのような状況の中でブラックマンデーが発生した。

発生した理由にデリバティブ取引を上げる声が多いが、それだけ本当に下げる必要があったのかはいまだ不明である。

しかし、株価自体は大きく下げたことは事実である。1987年8月には2736ドルの高値を付けていたダウ平均株価は、ブラックマンデーにより一時1616ドルの安値をつけるところまで下げた。

だが、その後の復元力が米国株の特徴である。1987年の高値を回復するのに2年かかったが、その後は順調に株価が回復し、ITバブルが始まる2000年1月までほぼ一貫して上昇基調を続けたのだ。

90年代は「インフレなき経済成長」とも呼ばれる、まさに景気の絶頂期だった。

この長期上昇基調が終わるきっかけとなった2000年のITバブル崩壊は、IT業界の成長に対する過剰な期待が株価バブルを醸成し、これが崩壊したことが背景にあった。

2000年1月に1万1750ドルの高値をつけたダウ平均株価が底値を確認するのは、2002年10月の7197ドルを付けてからであった。

しかし、その後は米国の利下げなどを背景に景気が回復し、リーマン・ショックが起きる前年の2007年10月に1万3407ドルの高値を付けるまで、上昇し続けた。

このように、米国株が大幅安になる背景や下落率、その後の回復過程などはそれぞれ異なっている。また、のちに理由と考えられる事象もその当時には気づかなかったことがほとんどだ。今後もわれわれが気づかないリスクが発生し、それが示現するときにはすでに株価はピークを付け、下落に転じるといったことが起きるだろう。下落に転じるきっかけとなるサインを見つけることは困難な作業となる。

これまで示してきたようなデータや指標、アノマリーなどを丹念に見ながら、その変化に気づくことができれば、長期上昇基調にありながらも、定期的に大幅安に見舞われる米国株に上手く対処できるのではないか。

その間も、米国の成長力の源であるイノベーションと人口増加を伴う経済規模の拡大の流れが続き、さらにFRBの巧みな金融政策や政府による適切な経済運営が実行されれば、これまでのように米国株は長期上昇基調を続けることになるだろう。

ただし、共和党候補のトランプ氏が大統領に就任することになった場合は要注意である。これまで米国株が上昇基調を続けてきた前提がくつがえされる可能性がある。米国の多様性や移民を受け入れる姿勢に変化が見られれば、世界の投資家が米国株投資を手控えるかもしれない。トランプ氏の大統領選挙戦で見せてきた姿勢を現実路線とするのか、要注目である。それが米国株の長期的な上昇の大前提になるだろう。

米国株についての考え方

- 米国の持つイノベーションの力が国を成長させ、企業を成長させる
- 企業の新陳代謝が株価上昇の牽引力である
- 長期的には上昇する可能性が高い
- 世界の投資家が投資しており、透明性・流動性が高い
- 米国株は世界の株式市場のベンチマークである
- 押し目を買うことを常に考えておく

第4章

各国中央銀行の思惑と日銀の政策運営

中央銀行トップの発言の重み

近年ほど、中央銀行の役割と政策の方向性に市場が注目する時代はないのではないか。さらにいえば、中銀の政策の有効性への〝疑念〟がこれほどまでに高まっている時代も、またなかったのではないだろうか。

市場関係者は中銀関係者や金融当局者の発言を注視し、時系列からその内容の変化を見抜き、投資判断の一助にしようとする。実際には、各中銀が行う金融政策決定会合での決定がすべてであるはずだが、それ以前に中銀関係者から発せられる言葉に、将来の市場動向に影響を与える材料があるのではないかと考えるわけだ。

また、最近ではアルゴリズム取引やＡＩ（人工知能）を利用して投資判断を行う市場参加者も増えてきており、中銀関係者の発言で市場がきわめて短時間で急変することも少なくない。だが最終的には、それぞれの金融政策会合での決定がすべてである。そのため、中銀関係者の発言が、本当の意味で参考になるケースはそれほど多くはないだろう。

ただし、筆者も中銀関係者の発言をまったく参考にしないわけではない。

それまでの中銀関係者の発言や市場の反応を見るのは、市場がそれぞれの会合での決定後にどのように動くのかの理解をしやすくなるためである。しかし、あるＦＲＢ高官が発言したからといって、それで投資判断を変更することはない。結局、米連邦準備制度理事会（ＦＯＭＣ）や欧州中央銀行（ＥＣＢ）の定例理事会、日銀金融政策決定会合での決定内容を受けた市場動向を見たうえで、対応するのが通常のパターンである。それはあまりに不確かだからだ。

しかし、過去には金融当局者が政策会合前に将来の金融政策の方向性に関するヒントを出して、市場が急変したことがあった。

２０１３年5月の「バーナンキショック」はその典型であろう。金融政策決定会合ではなく、講演やインタビューなどの発言者がＦＲＢ議長やＥＣＢ総裁、あるいは日銀総裁など中銀の代表者であれば、それは相応のインパクトがある。

しかし、それ以外の関係者の発言であれば、実際にはほとんど無視してもよいほどである。どの金融政策会合も、最終的には多数決で決定されるため、実際にはＦＲＢ議長やＥＣＢ総裁、日銀総裁であろうとも、その立場から他の政策委員に圧力をかけて自身の意見に同調させることはできない。

それでもトップの立場は重く、その発言にも重みがある。中銀の代表者であることによる重みであり、最終的に決定される金融政策の方向性と違う内容の発言をすることはまずない。

逆にいえば、将来の金融政策に関する発言があったとすれば、その後の政策会合でその方向で政策が決定される可能性がきわめて高いといえる。このような基本を押さえておけば、日々の報道で確認されるような中銀関係者やトップの発言に一喜一憂することはなくなるだろう。

FRBとFOMCの関係性

世界の金融市場関係者が最も注目するのは、FRBの金融政策の方向性である。FRBが行う決定は米国経済や金融市場だけでなく、世界経済や金融市場にも影響を与えるほど重い。そのため、イエレンFRB議長のみならず、FRB関係者の発言に目が向くのもある意味では仕方がない面もある。米国の金融政策は、連邦公開市場委員会（Federal Open Market Committee）で決定されるのだが、その構成員はFRB議長、FRB理事、各地区の連邦準備銀行の総裁であるのだから―。

ここでは少しだけ紙幅を割いて、FOMCについて説明しておこう。FOMCは公開市場操作（国債買いオペなどを通じて金融機関の資金需給を調節すること）の方針を決定する委員会であり、米国の金融政策を決定する最高意思決定機関である。

定期的に約6週間ごとに年8回開催され、必要に応じて随時開催される。構成メンバーは、米国の中央銀行ともいうべき連邦準備制度理事会（FRB）の理事7名や地区連邦準備銀行総裁5名で構成される。FOMC委員長はFRB議長、副委員長はNY連銀総裁が務める。2016年のFOMC委員長はイエレンFRB議長、副委員長はNY連銀のダドリー総裁とい

2016年のFOMCで投票権を持つメンバー

役職	名前	肩書
委員長	ジャネット・イエレン	FRB議長
副委員長	ウィリアム・ダドリー	NY連銀総裁
委員（FRB理事）	ラエル・ブレイナード	元米国財務次官
	スタンレー・フィッシャー	イスラエル銀行前総裁
	ジェローム・パウエル	カーライル・グループ元幹部
	ダニエル・タルーロ	元ジョージタウン大学ローセンター教授
	空席2名	
委員（連銀総裁）	ジェームズ・B・ブラード	セントルイス連銀総裁
	エスター・ジョージ	カンザスシティ連銀総裁
	ロレッタ・メスター	クリーブランド連銀総裁
	エリック・ローゼングレン	ボストン連銀総裁

うことになる。

委員長・副委員長以外の委員は、ＦＲＢの理事全員と（ＮＹ連銀を除く）と連銀総裁のなかから選ばれた4名が任にあたる。２０１６年時点では、ＦＲＢ理事のポストに2名空席があるため、ＦＯＭＣ委員ポストにも2名空席がある。

4席の連銀総裁枠については、1年ごとの持ち回りで選ぶ輪番制である。さらに委員ではない連邦準備銀行総裁7名も会議に参加できるが、議決権は持たない。

ＦＯＭＣ声明文は、ＦＯＭＣ開催最終日の米国東部標準時午後2時15分頃に公表され、議事要旨は政策決定日（ＦＯＭＣ開催最終日）の3週間後に公表される決まりになっている。

自らの金融政策の決定プロセスに足枷をはめてしまったＦＲＢ

ここで注意したいのは、投票権を持たないＦＲＢ関係者や地区連銀総裁の発言は、ＦＯＭＣの政策決定に直接影響を与えない点である。もちろん、投票権を持たない彼らが発言することで、他の投票権を持つ委員が影響を受ける可能性はある。それでも、投票権自体を保有している委員とそうでない委員の発言の重みはかなり違うだろう。

２０１６年のＦＯＭＣの投票権を保有するメンバーのうち、委員長のイエレンＦＲＢ議長、副議長のダドリーＮＹ連銀総裁、さらに委員であるフィッシャーＦＲＢ副議長は、海外の金融当局者との交流が多く、海外情勢をよく見ている。したがって、昨年のチャイナ・ショックのような海外情勢の異変が起きた場合には、これらの情勢も十分に考慮したうえで、金融政策の決定を行う傾向がある。

それ以外の理事や地区連銀総裁は、国内事情を重視し、金融政策の立案を行うスタンスが鮮明である。たとえば米国内の商業用不動産価格が２０１６年時点で高騰しており、リーマン・ショック前の水準にまで上げていた。このような状況では、地区連銀総裁たちはバブル的な動きになることを懸念し、早めの利上げを主張することになる。

ここにきて米国内の雇用もきわめて堅調であり、この点からも早期利上げの妥当性を訴えることになる。

一方、海外情勢はどうか。拙速に利上げをすれば、市場が驚いてしまい、株価が急落する可能性がある。ドルも買われてしまい、ドル高が株価の下落のみならず、新興国通貨や資源国通貨にまで悪影響を与え、新興国からの資金流出を招くのではないかとの懸念が浮上する。

このように考えると、海外情勢を考慮して金融政策の立案を行っているとみられる上記の3者のスタンスは、どうしても利上げに消極的になりがちである。

このように、海外情勢を重視する3者と、それ以外の国内派とのスタンスは根本的に違う。実際のところは、ご本人たちにお聞きするしかないのだが、少なくとも、現状においては、立場によるこのようなスタンスの違いがあることは明白であろう。

一方で、歴史的に、雇用の最大化とインフレの抑制を命題に行ってきた金融政策に、海外情勢も考慮することになったいま、金融政策の決定プロセスはすでに過去のレールから外れた状態にある。結果的に、FRBは自らの金融政策の決定プロセスに足枷をはめたことになっており、これがイエレン議長を悩ませているわけである。まさに自縄自縛の状態である。

この夏、FRBは明らかに利上げを〝急いで〟いた

中銀関係者の発言への注目度はこれまで以上に高まっているが、今後はこれまで以上に高ま

ることになるはずだ。これは、市場参加者の思考がそのようになっている以上、その行為に意味があるかどうかに関係なく、もはや止められないだろう。

直近でも、これらの状況が確認できるような出来事があった。夏休みシーズンも終盤に入った2016年8月後半のことである。前年の2015年8月、中国の突然の人民元切り下げという出来事をきっかけに「チャイナ・ショック」と呼ばれる金融市場の混乱がみられた。そのため、2016年も同様のことが起きるのではないかと、市場は慎重姿勢を貫いていた。そのため、2016年の夏の終わりの株式市場の動きは急速に乏しくなった。

市場が平穏無事に推移するなか、8月下旬に開催されたのが、「ジャクソンホール会合」であった。これは例年、避暑地である米ワイオミング州ジャクソンホールに金融市場関係者が集まり、参加者同士の意見交換や重要人物によるプレゼンテーションが行われる催しだ。

そして今回は、この会合でのイエレンFRB議長の発言に注目が集まったわけであった。以前は、この会合は単に金融関係者のシンポジウムでしかなかった。しかし、バーナンキ前FRB議長が2011年のこの会合での講演で、量的緩和策について言及したことから、注目されるようになってしまった。

その後、FRB関係者が決まっていない政策等について、外部で語ることはできなくなった

チャイナショック（2015年8月19日）前後のダウ平均

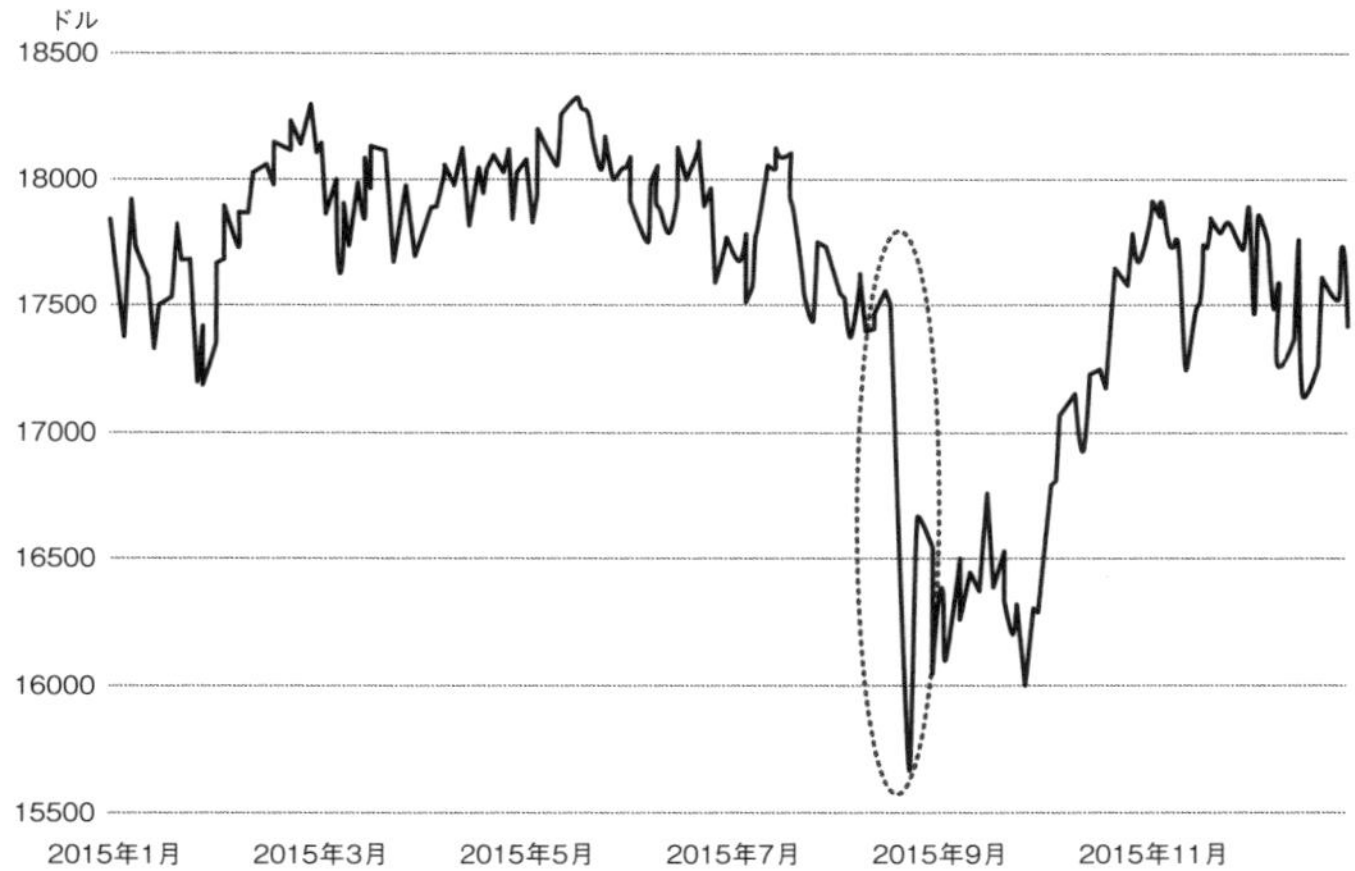

のだが、それでも9月20・21日にFOMCを控えており、金融政策の方向性について、市場が神経質になっていたことから、注目度がきわめて高くなってしまったわけである。

さらに、それまでにFRB関係者が堅調な米雇用情勢を理由に、早期利上げにかなり前のめりになっていたことも注目度を引き上げる要因になっていた。

イベントの結末を振り返ると、今後の中銀関係者の発言などにどのように対処すべきかについての、非常に良いモデルケースだったといえる。

つまり、FRBは明らかに利上げを〝急いで〟いたのだ。そのために何とかその意図を浸透させるため、まずはそれまで利上げ慎重派だったフィッシャーFRB副議長やNY連銀のダドリー総裁が利上げの可能性が高いとの見方を示し、市場の反応を見たのであった。

その間、米国株は大崩れしなかったことから、今度はしんがりとしてイエレンＦＲＢ議長が講演で、利上げの準備が整っているとの見解を示し、さらにそのあとにフィッシャー副議長が「イエレン議長の発言は利上げを肯定するものである」と後押ししたのだ。

イエレン議長は、金融政策の方向性について、明確な意見を述べないとみられていたが、重要な局面ではその限りではないことも、今回の発言でわかった。これは非常に重要なポイントといえるだろう。

市場を動揺させないよう腐心するＦＲＢ議長

いうまでもなく、ＦＲＢは金融政策の意図をあらかじめ市場に浸透させることに腐心している。また、ＦＲＢは意図的に市場が期待する発言と逆の方向で発言し、市場の反応を試すこともあるのではないかと筆者は推測している。

これも、ご本人にその真意を聞くしかないのだが、イエレン議長が発言する前に、たとえば利上げの可能性が高いことを他のＦＲＢ関係者が示し、それで市場に変動がなければ、利上げを真剣に検討する、というようなことをしていたのではないだろうか。

ＦＲＢ関係者にこのような背景があるとすれば、市場関係者がＦＲＢ関係者の講演や発言を真剣に聞き、今後の金融政策の方向性を何とかして探ろうとすることは、一定の意味があることになる。

とはいえ、FRB議長の発言が、最終的な金融政策の方向性を示す最も重要なものであることに変わりない。また、FOMC後のFRB議長の会見は、最大の注目イベントであることは間違いない。そこで発せられる言葉には、FOMC直後の議長の率直な感想や意見が示される可能性が高いからだ。

さらに、FOMC声明文も併せて発言の中身を精査すれば、将来の金融政策のヒントが見つかるかもしれない。また、市場関係者は四半期ごとに発表される、FRB関係者の経済および金利見通しにも注目する。彼らが示す見通しが正しいことはそれほど多くはないのだが、逆にそうであれば、それを前提にそれらの見通しを見れば、それはそれで参考になるからである。いずれにしても、このように、米国の場合には透明性・先見性を重要視し、情報の開示にもウェイトを置いている。できるだけ市場を動揺させないようにすることに腐心しているからであろう。

しかしながら、記者会見や講演、議会証言などにおけるイエレン議長の話し方は、言質《げんち》を取られないようにするために工夫し、かなり慎重に言葉を選んで話しているように感じられる。これは、昨年のある時期に「米国株は割高のように感じる」と発言したことで、市場が過度に反応したことからの学習効果であろう。

またイエレン議長は、2015年8月に起きたチャイナ・ショック後に、一時姿を見せなくなった時期があった。それが意図的なのか、それとも体調不良だったのかは不明だが（体調を崩したとの一部報道があったが）、それだけFRB議長というポストは重責であり、負担が大きいのだろう。

FRB議長の言動一つで市場に大きな影響を与えることは少なくない。

グリーンスパン元FRB議長などは、意図的かどうかはいまだにわからないが、非常に不明瞭な独特な言い回しが特徴であった。市場に言質を与えないようにしつつも、何かしらの意図を含んでいるかのように見せかけた、きわめて巧みな言い回しで市場に今後の政策の方向性や自身の考えを浸透させようとしていた。

前FRB議長のバーナンキ氏は、どちらかといえばわかりやすい語り口で政策の意図を示していた印象であった。

いずれにしても、各議長によって、市場へのメッセージの伝え方はそれぞれ違うだろうが、その方法自体は市場を重視するという根本的な考え方からぶれてはいないといってよいだろう。

市場が騙し打ちに遭ったと捉えた日銀のマイナス金利導入

これに対して、日銀はどうだろうか。

誰が何と言おうとも、黒田東彦総裁はサプライズを狙っているとしか思えない。

ご本人はこの点については明確に否定されており、その意図が本当にないのかもしれない。しかし、実際に市場が日銀の金融政策の発表後に大いに驚き、株価や為替が大きく変動しているのだから、それに対して多少なりとも修正を施す、あるいは修正するといったことがあってもよいだろう。

しかし、それでも対応を変えるつもりがないのは、市場を驚かせたほうが政策の効果が上がると信じているからであろう。

残念ながら、それは明らかに間違っている。それは、政策発表後にその政策内容が市場にネガティブな要因になるケースが多く、さらに市場の反応が過度に出てしまう傾向が強いという事実からもいえる。

結果的に、サプライズの演出が市場の不透明感を高めるだけ、という事実に帰結するわけである。いわゆる「黒田バズーカ」が効果を上げていた（と考えられていた）ころは、その手法

日銀のマイナス金利導入前後(2016年1月29日)の日経平均

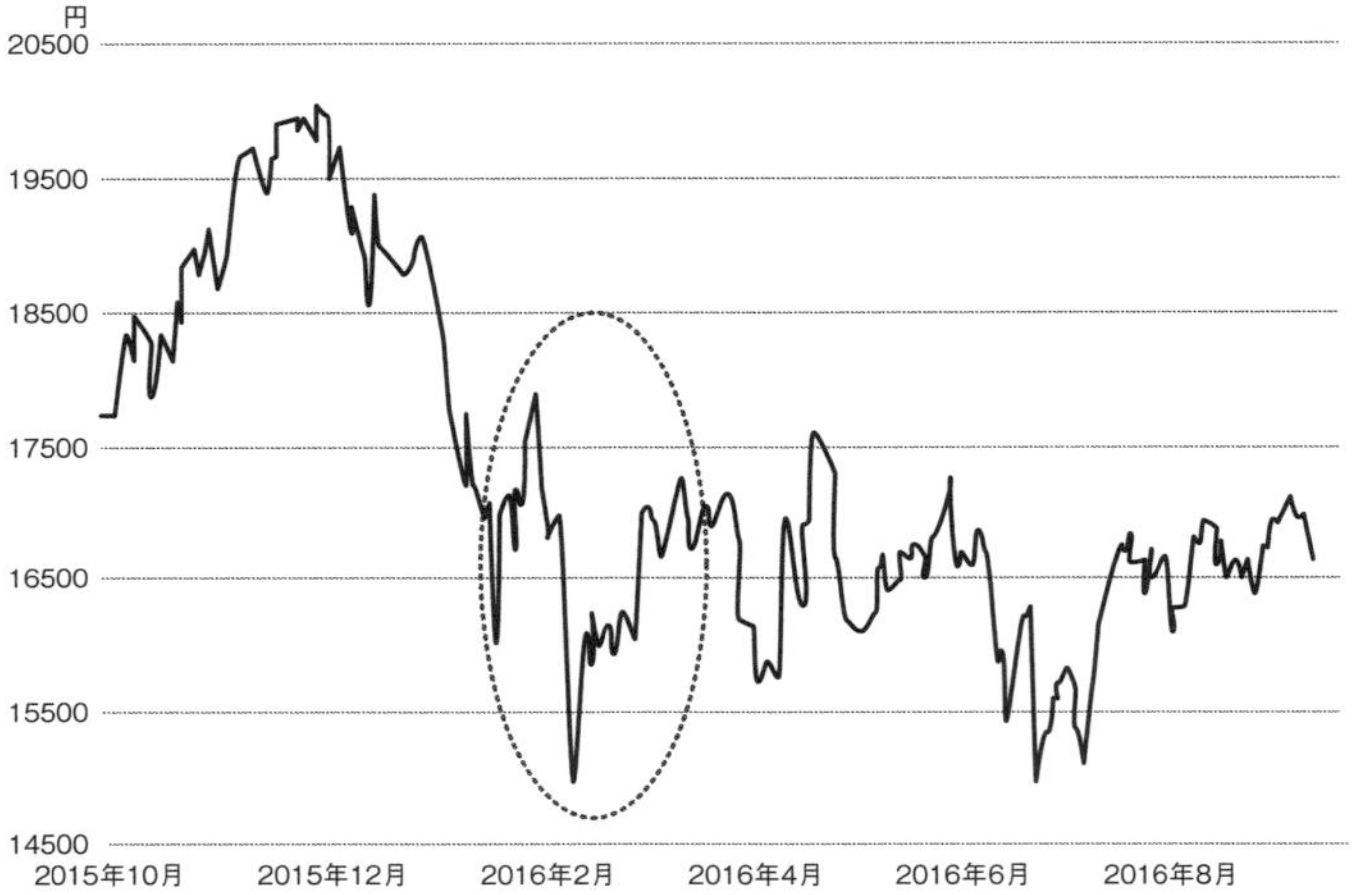

でもよかったのだろうが、いまはその効果はきわめて〝限定的〟だったとの評価になっており、これまでのサプライズ手法はいまや、市場にネガティブサプライズを与えるだけになっている。

具体例でもっともわかりやすいのが、日銀が２０１６年1月29日に決定したマイナス金利導入時のいきさつであろう。

黒田総裁は導入の数日前に、「マイナス金利は検討していない」と明言した。

日銀のトップがこのような発言をすれば、市場は当然のようにマイナス金利の導入はないものとして行動することになる。しかし、そのわずか数日後の日銀金融政策決定会合で、いきなりマイナス金利の導入を決定・発表したのである。これに驚いたのはもちろん市場であった。

この一連の行動を受けて、筆者も含め市場関係者は「騙された」と感じたのではないだろうか。しかし、むしろその後の市場動向のほうに注目が集まったことは、皮肉だった。

つまり、驚きはマイナス金利という過去にない政策を導入したことにとどまらなかった。その後の市場の反応がきわめてネガティブだったことに、今度は黒田総裁以下、日銀審議委員が驚かされる結果になったわけである。

市場を騙したともいってよい言動のツケが回ってきたというわけではないのだろうが、少なくとも黒田総裁が描いていた市場の反応とはまったく逆のものになったことだけは確かであった。その後、株価は戻らず、ドル円も１００円を割り込む円高になったことは記憶に新しい。

もう聞き飽きた黒田日銀総裁のお決まりの言葉

ここに、日銀の市場との対話についての技術的な問題がある。

ＦＲＢのスタンスとまったく異なることがここで確認できるわけである。黒田総裁もイエレン議長のように、政策決定会合後は記者会見を行っている。筆者も時間の許す限り、会見の模様を見るようにしている。トレード戦略の構築のためのヒントがないかを探るためである。しかし、そのようなヒントが出てくることはほとんどない。

黒田総裁はきわめて巧みに言葉を操り、言質を与えないようにすることに腐心しているようにさえみえる。会見の記者からの質問の口癖が「先ほども申しましたように」である。記者が黒田総裁から何とか新たな材料や発言の本心などを引き出そうとするが、黒田総裁はこの言葉を繰り返すことで、どのような質問も上手くかわしながら答えている。

このような対応は、記者に対するいわゆる「上から目線」のようにも映る。

このような会見では、残念ながら、金融政策の意図が伝わらず、将来の金融政策の方向性や日銀に対する信頼性の構築にはほど遠い。むしろ、考えを率直に述べたほうが金融政策の実態や方向性を伝えられ、市場に誤ったメッセージを送ることもないだろう。

そもそも、そのように感じるのは、これまでの政策を繰り返し、今後も状況次第ではその政策を継続あるいは拡大することを前提としているからであろう。

政策の効果が目に見えて出ているとは言い難いなかで、「現在の政策を続ければ、いずれインフレ率は上昇する」といったような、「お決まりの言葉」はもう聞き飽きた。

実際には目指していた方向に行っていないのだから、どこかに問題があるはずである。インフレにならないのは、原油安が理由との説明があるが、一方で原油高のときにはインフレ率の上昇がその恩恵を受けていたわけだから、それを見苦しい〝言い訳〟にしてほしくない。政策の実効性が精査・議論されるべきなのである。そもそも、量的・質的金融緩和の本来の目的はなんだったのだろうか。2年で2%のインフレ率の目標達成があったはずだが、すでに目標達成の時期をすでに2年も過ぎてしまったではないか。

安倍首相から任命され、現在の政策の牽引役となった黒田総裁は、本心から現行の政策が必ず奏功するとお考えなのだろうか。

それは黒田総裁のみが知るわけだが、それは別にしても、金融緩和策によって、株高・円安を演出し、表面上の景気回復を目的としたものではなかったか。

日銀の政策はもはや効果なしという市場のコンセンサス

日銀には、将来の政策の方向性に関する発言について、もう少し丁寧さが必要であろう。黒田総裁は「必要であれば、しかるべき手段を取る」と繰り返してきたが、必要と思われるタイミングで相応の緩和策の拡大を行ってきたという自負は少なからずあるだろう。

だが、いまはその効果が誰の目から見ても限界的になっているなかで、「必要であれば」の言葉を繰り返すことは、もはや無意味である。

その結果、市場に対して、日銀の政策がもはや効果はないといった印象を植え付けてしまった感があることは、きわめて残念である。

また、日銀の政策の効果だけでなく、継続性に限界があることも指摘されている。より効果的かつ現実的な政策があれば、これまでの政策の限界を早めに認め、違う方向にかじを切ったほうが、誰にとってもよいのだろう。

市場には「なぜそうしないのだろうか」という疑問がわいてきている。

これまでの政策を180度変えてしまえば、それまでの政策を否定することになるため、プライドがこれを許さないからだろうか。あるいは、これまで培った自身のノウハウを自己否定するのを躊躇っているのだろうか。時代は変化しているというのに。

おそらく、現在の経済環境・構造は、過去の古い経済学の教科書にはなかった。過去の経験則や学んだことを直接的に生かせる状況にはないと考えるべきであろう。

そうであるならば、これまでの経験則に基づいた金融政策や経済対策は効果を発揮しにくい。これまでの日銀の政策の結果を見る限り、いまはまさにそのような状況にあるような気がしてならない。

国を動かす重要な金融政策の決定に携わっていることを考慮すれば、そこにプライドなど不要だ。個人の事情はまず捨てて、これまでの政策の問題を洗い出し、現実を見詰め直したうえで、時代の変化に対応可能な、より効果的な政策を打ち出すことが先決である。

いずれ現在の責務を解かれるＥＣＢや日銀関係者

この点においてはＥＣＢも同様だ。

ＥＣＢのドラギ総裁も「やれることは何でもやる」と言い続け、確かに何度か新たな政策導入を行い、市場を驚かせた。しかし、現在ではその言葉を繰り返しても、むしろ虚しささえ感じるのは筆者だけではないだろう。

それはなぜか。

ＥＣＢが想定していた結果が出ていないからである。この点においても、ＥＣＢは日銀と同じ道を歩んでいる。マイナス金利の導入においては、日銀に先んじたものの、やっていることはほぼ同じであり、その結果もまた同じであるところがなんとも皮肉である。

通貨安にしても、デフレは解消されず、むしろＥＣＢ（中銀）の口座に資産が積みあがっただけである。この資産をどのように処理するのかに手一杯で、出口戦略など考えられないのだろう。現在のＥＣＢや日銀関係者は、いずれ現在の責務を解かれる時が来る。

現状に対する責任がどの程度にまで及ぶかは定かでない。そんななかで、出口戦略など話し合われるはずもなく、これらの買い入れられた資産がどう処理されるかなど、知ったことではないのだろう。過去にないことをやっているのだから、本人たちもどうなるのか、わかるはずがない。

ECBのマイナス金利導入前後(2014年6月)のドルユーロ

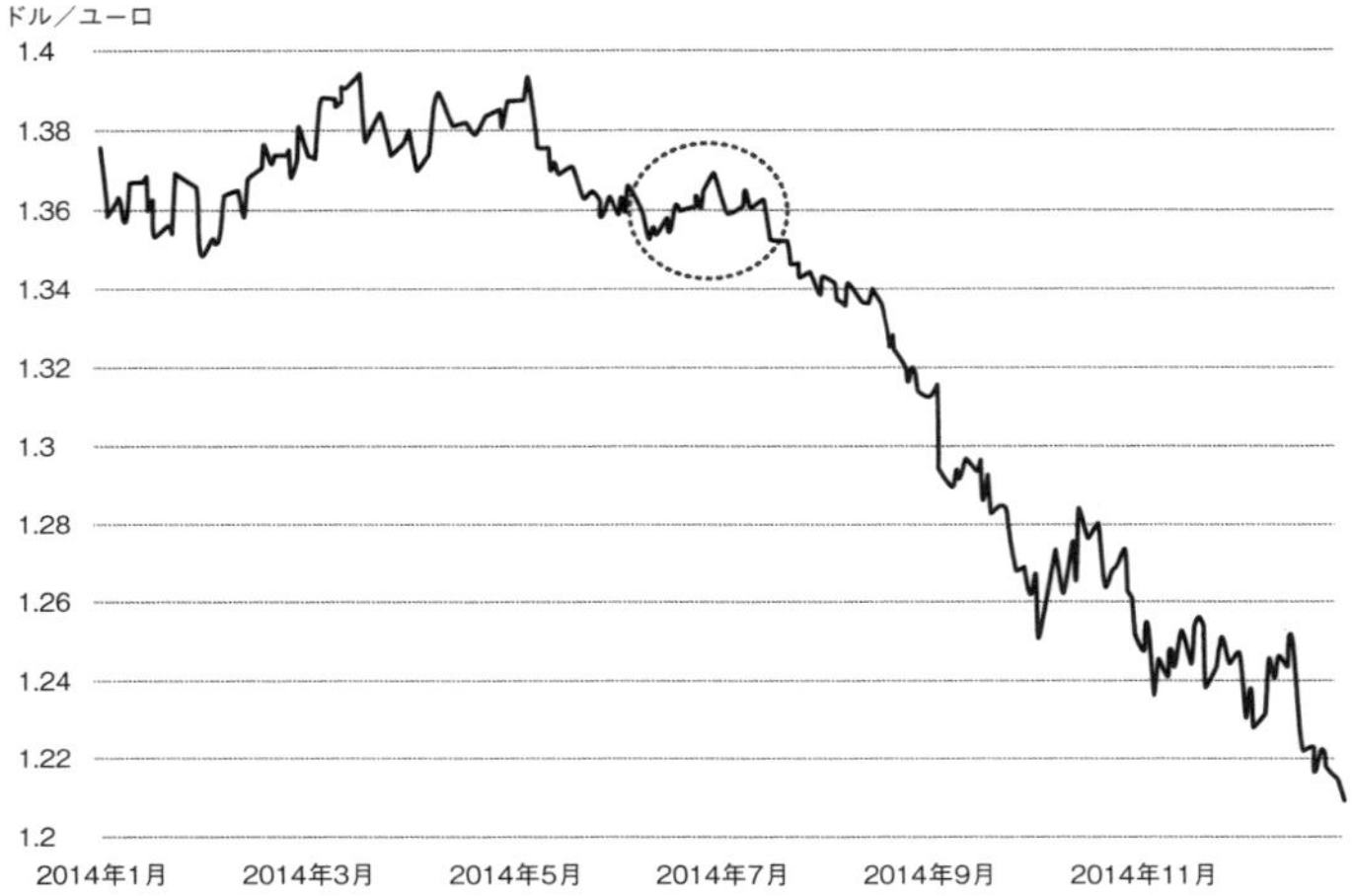

さらに言えば、彼らが当初想定した結果は出ていないという事実がある。そもそも、現在行っている政策が早いうちに効果を示すと考えていたくらいである。

このような立場にまで落ちた中銀が採る政策の信頼性が、すでに著しく低下してしまっていることは、金融市場の将来をきわめて危ういものにしている。

間違いをさらに上塗りしたマイナス金利政策

話題を政策面に変えよう。

日銀が進めてきた政策のなかで、最悪の愚策がマイナス金利ではないだろうか。

そもそも、マイナス金利の導入は必要だったのだろうか。これまでの政策の間違いにさらに間違いを〝上塗り〟する政策だったとしか考えられない。

これは従来から取り組んできた「量的・質的金融緩和」が立ち行かなくなり、苦し紛れに導入した政策との印象はぬぐえない。

決定会合後の記者会見で黒田総裁は「マイナス金利付き量的・質的金融緩和」と新しい政策をネーミングしたが、中身がなければまったく意味がない。

物価の変動がない場合に預金や通貨の価値が金利分だけ増加するはずが、理論的には逆に減価するのがマイナス金利といえる。

一方、住宅ローンなどの金利はマイナスになれば、理論的に借り手は銀行から利払いを受けることが可能になり、さらにローン残高は減少することになる。

つまり、わかりやすく言えば、預金者や資金の貸し手にとってマイナス金利は税金になり、逆にローンの借り手などの債務者には補助金となる。

このように考えると、マイナス金利のケースでは、手元資金は預金するのではなく、できるだけ早く使ったほうがよいということになる。

一方で、借入コストが低下するため、住宅購入を行ったり、企業であれば資金を借り入れて設備投資を進めることがよいことになる。このように、理論的には非常に効果があるように見える。

また、理論上のインフレを引き起こすことも可能になる。現象面としては同じ効果を生み出すことができるからだ。一般的な金利（名目金利）が物価上昇率より高い状態では、預金の実質的な購買力はその差だけ低下することになる。

つまり、名目金利を上回る物価の上昇は、預金者の実質的な購買力の向上につながるのである。この現象を引き起こすには、名目金利から物価上昇率を引いた実質金利を引き下げることが有効となる。

マイナス金利にすることで預金者の購買力が結果的に高まると考えると、マイナス金利は非常に良い政策のようにもみえる。

絶望的となったインフレ率の引き上げ

そもそも、日銀がマイナス金利を導入したのは、2年以内に2％の物価安定目標を達成するためであったはずである。しかし、すでに公約した目標達成時期を大幅に過ぎており、日銀は非常に苦しい立場に追い込まれていた。

3年前に異次元緩和を開始した際、黒田総裁は「2年でインフレ率2％の目標を達成する」とした。岩田副総裁にいたっては、「目標が達成できなかったら辞任をする」とまで啖呵を切っていた。しかし、黒田総裁は目標達成時期を徐々に先延ばし、岩田副総裁も辞職していない。

ここで責任論を語るつもりはないが、責任の大きさに対して発言があまりに軽い点は否定できない。いや、一般企業であれば株主総会でとうの昔に辞任に追い込まれているはずである。

13年4月の金融政策決定会合において、国債や上場投資信託（ＥＴＦ）の購入を進めることで、マネタリーベースを2年間で2倍に拡大する「量的・質的金融緩和」を決定した。このとき、マネタリーベースは年間で60兆円から70兆円に増加させることとした。

さらに14年10月には、マネタリーベースの年間増加額を80兆円に引き上げ、ＥＴＦなどの購入量の増額も決定した。日銀がこれらの政策を導入することで景気が刺激され、結果的にデフレからの脱却が進むことが期待された。

金利の低下と期待インフレ率の上昇が想定される一方、投資資金が株式や不動産などのリスク資産に移行することで資産価格が上昇し、さらに利回りが高い外債投資を促すことで円安基調を後押しすることが期待された。

確かに、これらの政策により、円安・株高が進行し、企業業績は改善した。しかし、ドルの上昇を背景に原油価格が下落したこともあり、期待されたインフレ率の引き上げに〝失敗〟した。また消費増税もあり、国内景気は減速した。

この結果、物価安定目標の達成時期は先送りせざるを得なくなった。

デフレ懸念が再燃しただけでなく、企業も将来不安から賃金の引き上げに躊躇したこともあり、インフレ率の引き上げは〝絶望的〟となった。日銀が描いていたシナリオは修正を迫られることになり、日銀の政策のネガティブな面だけに注目が集まるようになった。

事実、市場では、金融機関による国債売却可能額の縮小により、日銀による大規模な国債買い入れが困難になるとの見方も広がり、日銀の政策の限界が懸念されるようになった。2016年に入ると、それまでの円安・株高の流れが一変し、円高・株安に転じることとなった。

このままでは、再びデフレに逆戻りすると考えた日銀は、ここで思い切った政策を導入することにした。これが「マイナス金利」だったのである。

しかし、導入決定後の市場動向を見るまでもなく、政策導入は失敗だったことは言うまでもない。金融機関の負担が増加し、マイナス金利の〝深掘り〟ができなくなるなど、日銀が想定していなかった事態に見舞われた。

何のメリットももたらさなかったマイナス金利

そもそも、マイナス金利の導入の意図は何だったのだろうか？

導入時には株安・円高が進んだが、日銀の意図を考えれば、少なくとも、マイナス金利導入後の円安誘導を目的としていたことだけは確かであろう。

ECBの利下げ前後（2015年12月および2016年3月）のドルユーロ

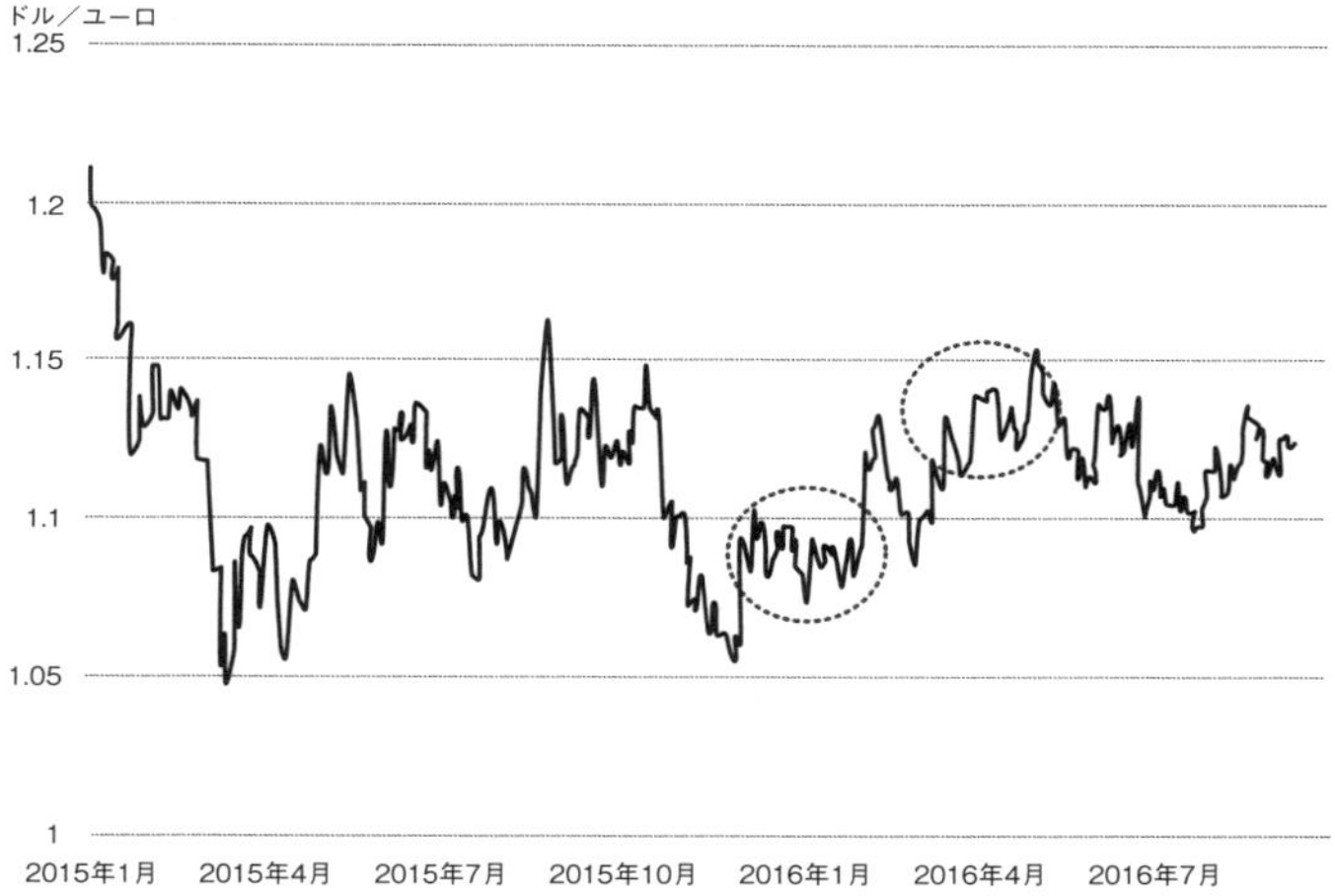

インフレ誘導のためには円安が必要と考え、そのためにマイナス金利政策を用いようと考えたのであれば、それはあまりに浅はかだったということになる。ＥＣＢが２０１４年６月にマイナス金利政策を導入したが、芳しい成果を上げたとの評価は得ていない。

マイナス金利導入当初は確かにユーロ安になったが、その後の15年12月と16年3月の利下げ時には、むしろユーロ高になっている。米金融大手も「1ユーロ＝1ドルになる」などの予想を出したが、結果はそのような見方とは真逆である。

ユーロ高の理由に、ＦＲＢがなかなか利上げをしなかったことを挙げる向きもあるが、そもそも通貨の動きは相手国の事情も大きく影響する。自国だけが金融緩和を行い、通貨安を誘うことは至難の業といえる。

当時は、米国が利上げを示唆し始めたころで、ドル高基調が強まり始めていた。実際にECBが利下げを行ったときには、すでにドルは高値を付けてしまっていたのである。日銀はこの点を理解していなかったはずはないだろう。いずれにしても、マイナス金利にして通貨安を誘うことを目論んでも、実際にはそうはならなかった。結果だけを見れば、日銀の政策判断は、現時点では誤りだったことになる。

マイナス金利はきわめて異質な政策であり、これが別の問題を引き起こすことも、日銀の頭のなかにはなかったのではないかと思われる。金利がマイナスになれば、預金金利が低下し、利息収入は減少する。またMMFが運用停止になったことからもわかるように、金利が存在することを前提とした金融商品は廃止せざるを得ない。

また、ローンなどを抱えていない高齢者にとっても、マイナス金利のメリットはほとんどない。年金基金や機関投資家など、国債の運用による収益を目論んでいた向きにとっても、マイナスの利回りは何のメリットもない。

いうまでもなく、マイナス金利は銀行の収益を直撃する。調達金利である預金金利と貸出金利の差は縮小することになり、収益性は著しく低下する。

さらにいえば、マイナス金利を導入しても、もともと資金需要がないことから、貸し出し先が急速に拡大するわけでもない。また、目論んでいたような円安にもならない。

このような状況になったことから、大手銀行が国債のプライマリーディーラーの資格返上を財務省に申請するといった事態にまで発展した。

マイナス金利政策への抗議の意味もあったのではないかと考えざるを得ないほど、金融機関の負担は大きかったということである。

いずれ弾ける低金利バブル

マイナス金利もそうだが、金利を大幅に引き下げて資金需要を喚起し、さらに通貨安を誘い、インフレを起こそうとする政策は、現代の先進国においては限界があることだけは確かである。

このような事実から、ＦＲＢは過去にマイナス金利について研究したものの、導入する意思はないと明言している。これはきわめて正しい判断であろう。世界的な低金利を背景に起きていることは「運用難」である。安心して購入できる国債で、利回りがしっかり立っているのは米国債ぐらいである。

そのため、世界の投資マネーは米国債に流れた。米国がデフォルトを起こすことは、現時点

世界的な運用難の構図

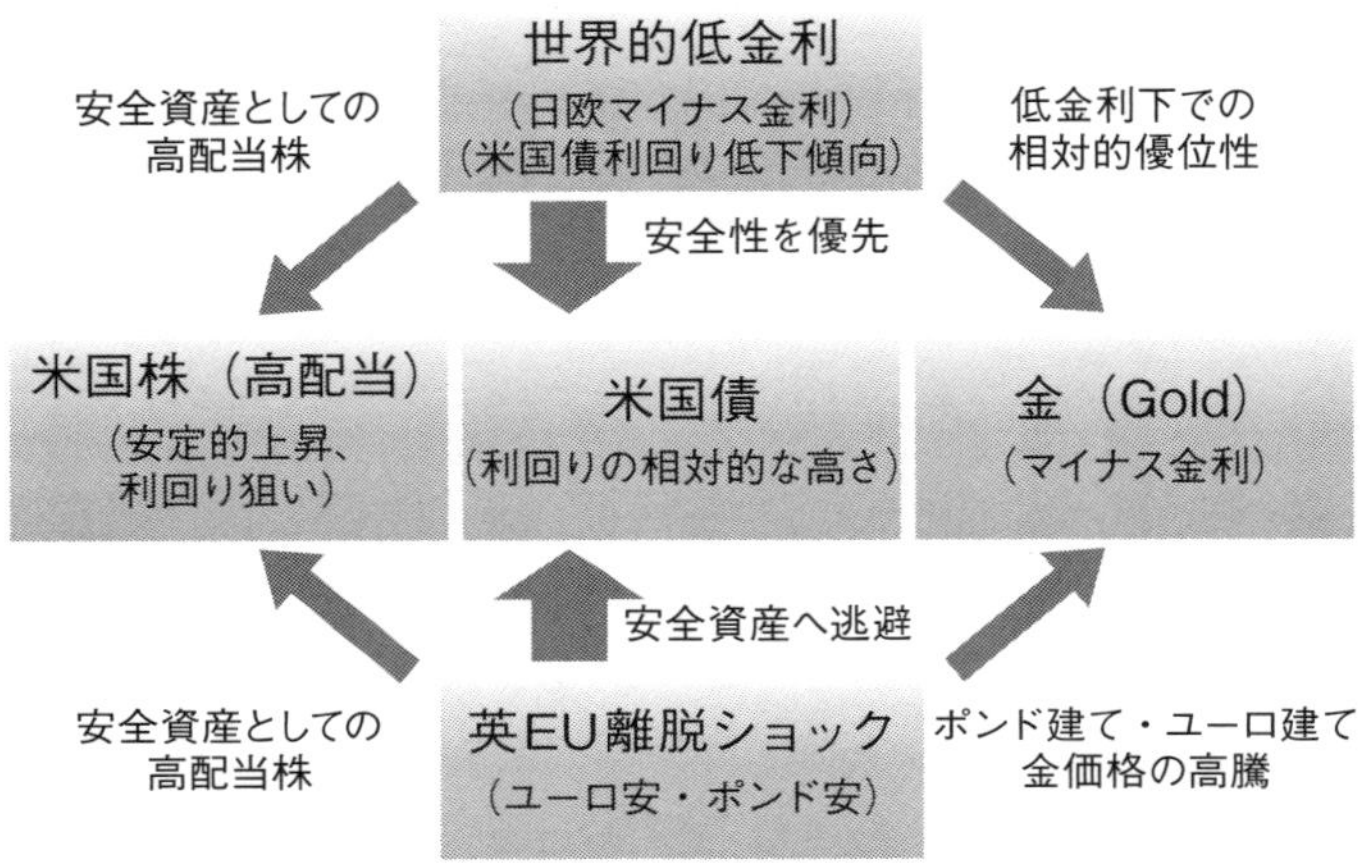

では考えにくいことから、世界の投資家が米国債に流れるのはある意味仕方がない。しかし、その一方で、投資家のポートフォリオの大半を米国債が占める構図は、一般的には受け入れがたいものである。

そのため、少しでも利回りが期待できる投資先を探すことになるのだが、その結果が米国の高配当株であり、一部のハイイールド債である。投資家は一定の利回りを確保するために、このようなリスクを取らざるを得なくなっている。低金利によるこのような無用なリスクテイクが、いずれ大きな問題となって跳ね返ってくるのではないかと考えられる。

一種の「低金利バブル」が弾けるわけである。

2016年半ばに顕著になった、低金利を背景とした運用難の構図を考慮すれば、今後の金融市場が大幅な調整を持って正常化に向かうのではないかとの懸念が強くなる。

すでに疑似的なヘリコプターマネー状態にある日本

さて、マイナス金利政策の方向性はどうなるのであろうか？　また日銀の見通しのように、物価は上昇するのだろうか？

黒田総裁は16年2月の時点で、「実質金利の低下が長期的にも経済と物価を押し上げないケースは、将来に予想される日本経済の成長率や自然利子率が低い場合である」と指摘し、このケースは日本には該当しないとの認識を示した。

さらに、同年5月には「大幅にマイナスになっている実質金利が、成長力や成長期待に対して刺激的でないとは考えにくい」とした。

つまり、マイナス金利の導入で実質金利が低下すれば、景気は回復し、物価上昇率も目標に達すると考えていたのだ。しかし、原油価格が大幅に低下したとはいえ、目標としている2年で2％の物価上昇率の達成が、これだけ先延ばしになっているのだから、抜本的な政策転換が必要であることだけは確かであった。

結局のところ、先進国を中心とした世界的な需要不足の状態では、金利を大幅に引き下げたり、市場から資産を購入したとしても、物価は上昇せず、景気も良くはならないということが実証されつつある。つまりマイナス金利政策はデフレにするための政策だったともいえる。デフレの国の通貨は上昇するのが普通である。円高になるのは当然だったともいえる。

中銀関係者が学んできた古い教科書には、現在の経済構造が抱える問題に対する処方箋は書かれていない。その結果、金融政策の限界を指摘する一方、財政政策の重要性を訴える声が大きくなっている。要は政府が財政を拡大し、景気を直接的に刺激することを目論む一方、その財源は国債の発行で賄うことになるわけである。

これまでは日銀は、市場から国債を買い上げてきたが、今後は政府から国債を直接購入する必要があるとの意見も出始めている。そもそも、現在の国債買い入れの仕組み自体が、実質的な財政ファイナンスであるが、今度は日銀が政府から国債を〝直接的〟に買い入れることで、いわゆる「ヘリコプターマネー」を実現させるという議論が急速に持ち上がり始めている。

日銀の政策の手詰まり感が強まるなか、政府も新たな政策に頭を悩ませているときに、タイミングが良いことにバーナンキ前ＦＲＢ議長が来日した。「ヘリコプター・ベン」の異名を取る同氏が、このタイミングで来日したことで、政府・日銀がヘリコプターマネーの導入に関するご託宣を請うたとの憶測まで飛ぶ始末であった。

金融政策の限界が強く意識されるなかで、今後もヘリコプターマネーに関する思惑がくすぶり続けることになろう。しかし、日銀の国債保有額がGDPの7割を超え、長期国債市場に占める保有比率が3割を超える状態を考慮すれば、すでに疑似的なヘリコプターマネー状態にある。

また、無利子永久国債の引き受けに関する議論も高まった。

財政法第5条では、「すべて、公債の発行については、日銀にこれを引き受けさせ、また、借入金の借り入れについては、日銀からこれを借り入れてはならない」と定められており、日銀による国債の直接引き受けは禁止されているわけで、法的整合性が取られているとはいい難い。

安倍政権・黒田日銀に残された時間は少ない

いずれにしても、重要なポイントは、金融政策で景気回復・インフレ創出が可能なのか、という点である。

日銀は9月20・21日に金融政策決定会合を開催し、これまでの政策に関する「総括的検証」を行った。これまでの失政への反省と抜本的な政策方針の転換を期待していたのだが、残念な結果だった。マネタリーベース目標を撤回し、10年物国債の利回りがゼロになるように国債を買い入れるというさらに新しい政策として「長短金利操作付量的・質的金融緩和」を導入し、長期金利の操作を行う「イールドカーブ・コントロール」を導入した。量から金利に視点を移しただけのごまかしであり、さらにこれまでの政策の失敗への反省の弁もなかった。さらに今回の政策が、実質的なテーパリングであることも簡単に見透かされたのである。結果、当日のドル円は黒田東彦総裁の会見が始まると円高に振れ、会見終了までの1時間で1円も円高が進んだ。さらに同日のNY市場では100円割れ目前まで円高が進む始末である。これでは結果は見えたようなものである。

日銀が当初目論んだ「期待に訴える」政策については、すでに困難であるとの結論が出たといってよい。これまでの金融政策に効果がないのであれば、それを素直に認め、虚心坦懐に現状分析を行い、今後の政策を熟考するのが筋であろう。

これまでの常識にとらわれず、むしろ通用しないことを前提に、新しい環境への対応を検討すべきであろう。さらには、効果のある成長戦略をいまいちど構築し直し、それを推し進める強いリーダーシップも求められる。

証券業界ではしばしば政策期待が高まるが、株価は本来、実体経済や企業業績に基づいて変動するものである。また日本株に大きな影響を与える為替相場についても、残念ながら日本の政策だけで円安になることはない。

現在の政府・日銀による政策に、期待できないのであれば、批判するのではなくそれを利用することを考えるのがプロの投資家である。

各国中央銀行についての考え方

- 中銀の政策には大きな期待をするのではなく、利用することを考える
- あらかじめ政策の方向性を読むことはしても、投資判断を行うことは避ける
- 金融政策が期待した効果を発揮できておらず、限界が見え始めている
- 需要不足の中では、過去の経験則に基づく緩和政策は機能しづらい
- 金融政策による通貨安・株高政策は機能しない
- 量的緩和により通貨安からインフレを引き起こし、景気を回復させることは困難

第5章

金価格は2000ドルを目指す

究極のハードカレンシーとしての金

セミナーなどで投資家に直接会った際、「今後注目すべき投資対象はなんでしょうか？」と必ず訊かれる。

その答えとして筆者が2015年後半から言い続けてきたのが「金（Gold）」である。

一般的に、金は二つの顔を持つと言われている。一つは現物としての顔であり、もう一つは通貨としての顔である。このような価値をもつコモディティは、金だけだ。コモディティには金利が付かないし、配当も出ない。そもそも消費されるものであり、一般社会でもっとも関係が深い投資商品でもある。

ただし、実際に消費といっても、金は原油や農産物のように消えてなくなるわけではない。金属としてはスクラップとしてその多くは残る。この意味でも、金などの貴金属や非鉄金属は、他のコモディティとはその存在を異にしている。

一方、投資家の多くは株式や為替への投資で資産を増やそうとする。そのため、金にあえて距離を置く投資家も少なくないようだ。そもそも、金は保有していても価値が高まらないと考えられているからである。

特に日本ではそのような傾向が強いように思われる。

株式であれば、配当が得られる可能性があり、企業によっては優待制度もある。株価が下落した場合でも、多少の損失であればカバーできるケースもある。

為替取引ではいわゆるスワップポイントを得ることもできる。ただし、スワップポイントを狙った投資手法は、為替そのものの変動で簡単に収益は吹き飛んでしまうので、注意が必要である。また、金は国債に対しても劣後している。

いまは日欧のほとんどの国債がマイナス金利になっており、償還まで持ち続ければリターンはマイナスになるが、米国債などはまだ利回りが高い（といっても、10年債で2％以下である）。一方、金に金利が付かないという点では、投資対象としては圧倒的に不利な位置づけにある。

一般的に、金は「安全資産」と呼ばれる。

安全資産とは、投資対象として安全であるということである。つまり、保有していてもリスクがないという定義になる。国債も安全資産として扱われるが、実際にはデフォルトのリスクがあり、保有して利回りを得られると考えていても、最終的に対象となる債務者が元本と金利を返済してくれないリスクは〝ゼロ〟ではない。

米国債は一般的には安全資産と呼ばれるが、安全性が低い国の債券や同様に倒産のリスクがある社債の場合にはデフォルトのリスクがあるため、安全資産としては扱えない。

一方、安全資産の対極にあるのが「リスク資産」である。株式などがこれに相当する。

株式の場合には、投資した企業が倒産した場合には、その価値はゼロになるリスクがある。コモディティもこのなかに入るだろう。原油や銅などの工業品、コーンや大豆などなどの農産物は価格変動の大きさからも明らかにリスク資産である。しかし、金だけは安全資産として扱われるケースがほとんどである。

これは、過去に通貨としての価値を認められていた歴史があることが影響しているのだろう。いってみれば、究極の「ハードカレンシー（国際決済通貨）」だろう。現在では通貨としての価値はないのだが、一般的にそのように考えられている。

2016年に入る直前に金のポートフォリオを高めたジョージ・ソロス

だが、この点がきわめて重要である。紙幣も実はそうであるからだ。

紙幣が交換手段として認識されているからこそ、その価値が認められているのであり、あくまで「そのように認識している」、「理解されている」という事実が重要なのだ。

ところが金は「誰の負債でもない」と言われる。国が発行しているわけでもなければ、中銀が交換を保証してくれるわけでもない。しかし、世界の共通認識として、金は価値交換の機能を備えていると認識されている。この点において、金は紙幣の価値を上回るといってもよいほどの絶対的な優位性を持っているわけである。

金がこのような扱いになっている以上、金には絶対的な価値があるといってよいと思う。歴史的に欧米では、金は資産保全に必要な重要な資産として認識されている。景気が悪化し、株価が急落するような事態になれば、投資家がまず考えるのが金への投資である。

過去のデータを見るまでもなく、株式市場が下げているときには、金相場は堅調に推移していることが多い。したがって、長期的に株式投資をしている欧米の投資家は、株価が下落したときのことを考え、金への投資も同時に行っている。

少なくとも金を保有するという行為は、資産の増加を狙う層よりも、むしろ富裕層などの資産を守る必要がある層にとっては、不可欠な投資対象なのだと筆者は認識している。

2016年に入る直前、著名投資家であるジョージ・ソロス氏は、株式の売却と金投資の拡大を行った。株価が下落し、その代わりに金が買われることをあらかじめ予測し、ポートフォリオの構成を大きく変更したのだ。

同氏の資産は巨額だが、資産に見合った取引を行うには市場規模が大きい必要がある。この点においても、金市場は富裕層が資産の一部を運用するのに適している。

とはいうものの、金には投資対象として不利な点が多い。他の投資対象は、元本価値が変わらなければ、配当＝インカムゲインなどの追加的な収益を得られる可能性がある点で優位であるからだ。

また、値動きにも乏しいことから、短期志向の投資家には金は敬遠されがちである。金は他の投資対象に比べ、相対的にボラティリティが小さい。

とりわけ短期筋が短期トレードで収益を上げるには、あまりに値動きが小さい。最近でこそ、一日の中で大きく変動するケースも増えたが、それでも他の市場に比べると魅力は低い。しかし、金は資産という側面から見れば、やはりきわめて重要な位置にあるといえる。


金投資で収益を上げるには、名目上は値上がり益＝キャピタルゲインを得るしかない。つまり、購入した価格よりも高い価格で売却することでしか、利益を上げることができない。したがって、購入するタイミングがきわめて重要ということになる。

金の場合には、保有するだけでは収益にならないため、上昇が見込める確実なところで買い、価格の上昇を待つことになる。したがって、その投資タイミングをいかに図るかが重要であり、その根拠が欲しいところである。

コモディティが株式を上回る期間に入ってきた

ここからは金市場を取り巻く環境や金そのものについて解説したい。

MSCI株価指数／CRB指数の推移

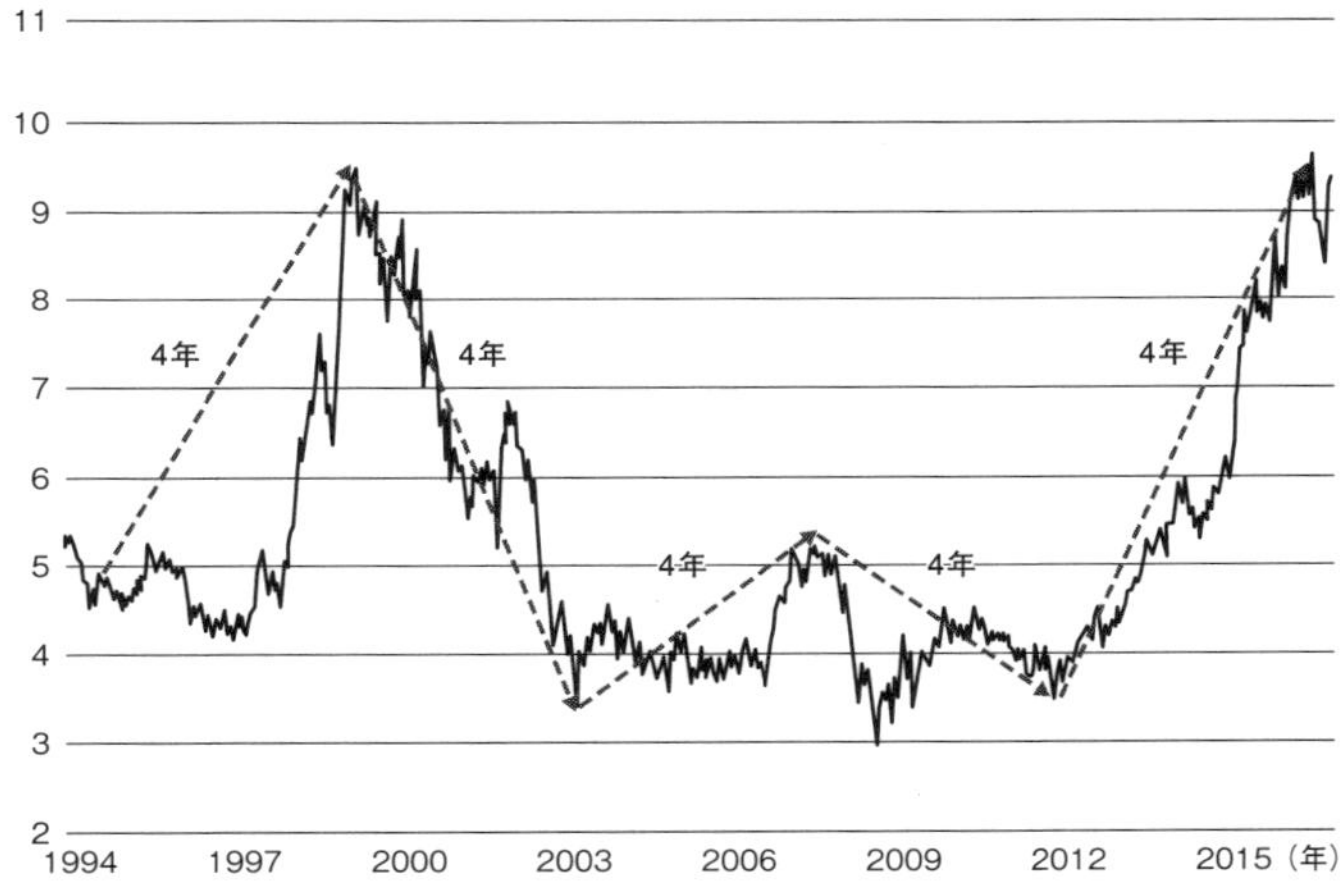

２０１５年は世界的に株価の上昇が顕著だった一方で、コモディティ相場はほぼ総崩れの状況に陥った。これは、２０１４年夏ごろから顕著になったドル高が大きく影響した。世界のコモディティはドル建てで取引されているからである。

もちろん、２００８年までの価格上昇で拡大した供給過剰感が、その後の需要の伸び悩みなどで解消されなかったことも、価格低迷の要因だった。

しかし、第1章でも解説したように、ドル相場は上昇から下落に転じる期間に入った。つまり、ドル建てコモディティ価格が下落から上昇に反転しやすい期間に入ったわけである。

また別の観点からも、コモディティ価格が反転する可能性が示唆されていた。世界の株式指数とコモディティ指数で割ったレシオを見ると、概ね4年ごとに上昇・下落を繰り返している。そして、そのレシオがピークをつけていたのである。

つまり、2012年から始まった株価上昇・コモディティ低迷のサイクルが2015年で終了し、次の4年間、つまり2016年から2019年ごろまではコモディティが株式を上回るパフォーマンスを見せる期間に入ったと考えられるのだ。

この転換のタイミングが意味することは、きわめて重要である。

投資対象の分析の観点からすれば、これから4年間は株式よりもコモディティに投資したほうが、より多くのリターンを得られる可能性が高いということである。

金の優位性が維持されてきた歴史

金は株式市場が厳しい局面でも、その輝きが失われることはない。

過去の株価急落場面の主要市場のパフォーマンスを見ると、金はプラスのリターンになっているが、原油はマイナスである。またこのようなときは、投資家は安全資産である米国債に資金を移すため、米国債のパフォーマンスもよい。

また、ドル指数も高くなっている。これは、ドルがリスク回避先通貨として選好されるケースが多いことから上昇するのだが、一方でドル円は下落している。

世界株式指数の下落局面における主要資産の推移

高値	安値	MSCI	ダウ平均	日経平均	金	WTI	米国債	ドル指数	ドル円
1987年8月	1987年11月	−20.8%	−31.1%	−12.8%	8.3%	−6.2%	−0.1%	−8.4%	−7.1%
1989年12月	1990年9月	−25.4%	−10.9%	−46.1%	0.0%	81.1%	−5.1%	−7.7%	−3.7%
1998年6月	1998年8月	−13.7%	−15.8%	−10.9%	−6.8%	−5.9%	2.7%	−1.0%	0.4%
2000年3月	2002年9月	−48.4%	−30.5%	−53.9%	16.1%	13.2%	18.2%	1.4%	18.5%
2007年10月	2009年2月	−55.4%	−49.3%	−54.8%	18.6%	−52.6%	10.6%	15.3%	−15.4%
2010年3月	2010年6月	−13.3%	−10.0%	−15.4%	11.6%	−9.7%	5.4%	6.1%	−5.4%
2011年4月	2011年9月	−20.5%	−14.8%	−11.7%	3.8%	−30.5%	7.4%	7.7%	−5.1%
2015年5月	2015年9月	−11.1%	−9.6%	−15.4%	−6.3%	−25.2%	0.3%	−0.6%	−3.4%
2015年10月	2016年2月	−9.3%	−6.5%	−16.0%	8.4%	−27.6%	2.5%	1.3%	−6.6%
平均		−24.2%	−19.8%	−26.3%	6.0%	−7.1%	4.7%	1.6%	−3.1%
除く異常値		−24.2%	−19.8%	−26.3%	6.0%	−18.1%	5.2%	1.6%	−3.1%

つまり、円高になっているのだ。これも、円がリスク回避先通貨として選好されやすいことを意味する。現在ではその傾向がさらに強まっている感がある。「株式市場が不安定になった場合には、金と円を買う」というのが、リスク回避のための賢明な戦略として定着化しているのだ。

２００８年のリーマン・ショックの際、世界の現金化の動きに呑まれる形で金も売られた。しかし、他の主要資産が翌09年3月ごろに底値を付けるケースが多かったが、金だけは08年11月に早々に底値を付けて反発した。

これは安全資産としての価値を投資家は認めていたことの証左になる。また２０１５年の動向も興味深いものであった。主要なコモディティが軒並み大幅安になるなか、金の下落率はきわめて限定的だったのだ。

これは、前述のように、資源という現物の側面に加え、無国籍通貨・安全資産としての側面があることから、結果的に下げにくかったためである。

15年は地政学リスクの高まりやチャイナ・ショックなどがあり、株式市場が不安定になるケースが多かった。このようなとき、金はやはり底堅い動きになっており、金の優位性は維持されている。

一方、原油やプラチナなどは、金に対する比率がかなり低くなったことから、割安との判断がなされるケースがみられた。そのため、金をショートし、原油やプラチナをロングする戦略でトレードした向きも少なくなかった。

事実、金と原油やプラチナのレシオは歴史的水準にまで上昇した。その結果、値ごろ感から原油やプラチナを買う動きが進んだわけだが、残念ながら、そのような取引は上手くいかなかった。

それぞれの銘柄には個々の需給要因があり、それをベースに価格は変動する。したがって、需給構造が異なれば、価格動向も異なるわけであり、その時々でレシオは変化する。

まして、それぞれの銘柄に代替性がないのだから、単純にレシオだけを頼りにトレードするのは危険である。これらの銘柄間のレシオで過去の水準との対比で割高・割安を判断するのはやはり危険である。

また、機関投資家や年金基金、ヘッジファンドがコモディティ投資を増やしてきたが、近年はパフォーマンスの悪化から、その比率を落としたこともコモディティ価格の低迷につながったものと思われる。

しかし、今後、コモディティ価格が上昇し始め、株式以上のパフォーマンスを見せるようになると、株式の代替としてコモディティを選好する動きが再び強まるかもしれない。

その場合には、２００８年までの水準とは言わないまでも、２０２０年に向けて大相場が示現する可能性も否定できないだろう。そのような動きは、２０１６年に入って、早くも見られ始めている。

英バークレーズによると、今年1月～8月の世界のコモディティ投資額は５４６億ドルに上り、過去最高だった２００９年の５３０億ドルを上回った模様である。8月末の世界のコモディティ運用資産総額は２３５０億ドルに達し、このうち貴金属が１２６０億ドルと全体の約54％を占めた。ちなみに、エネルギー部門は６００億ドルだった。

底堅さが続く金の需要

知ってのとおり、ＦＲＢは２０１５年12月に9年ぶりに利上げを実施した。この結果、年明けの２０１６年に入り、株式市場は不安定になり急落した。

利上げ時期が適切ではなかったとの見方が高まったことが、株安につながった。一方で、ヘッジファンドや欧米の投資家は、かなり早い段階で金投資を拡大させていた。

その後、株価は戻したものの、投資家の金買いの動きは止まらなかった。この点は、世界最大の金上場投資信託（ＥＴＦ）であるＳＰＤＲゴールドトラストの保有残高の推移をみれば、容易に理解できる。

COMEX金先物市場における投機筋の動向

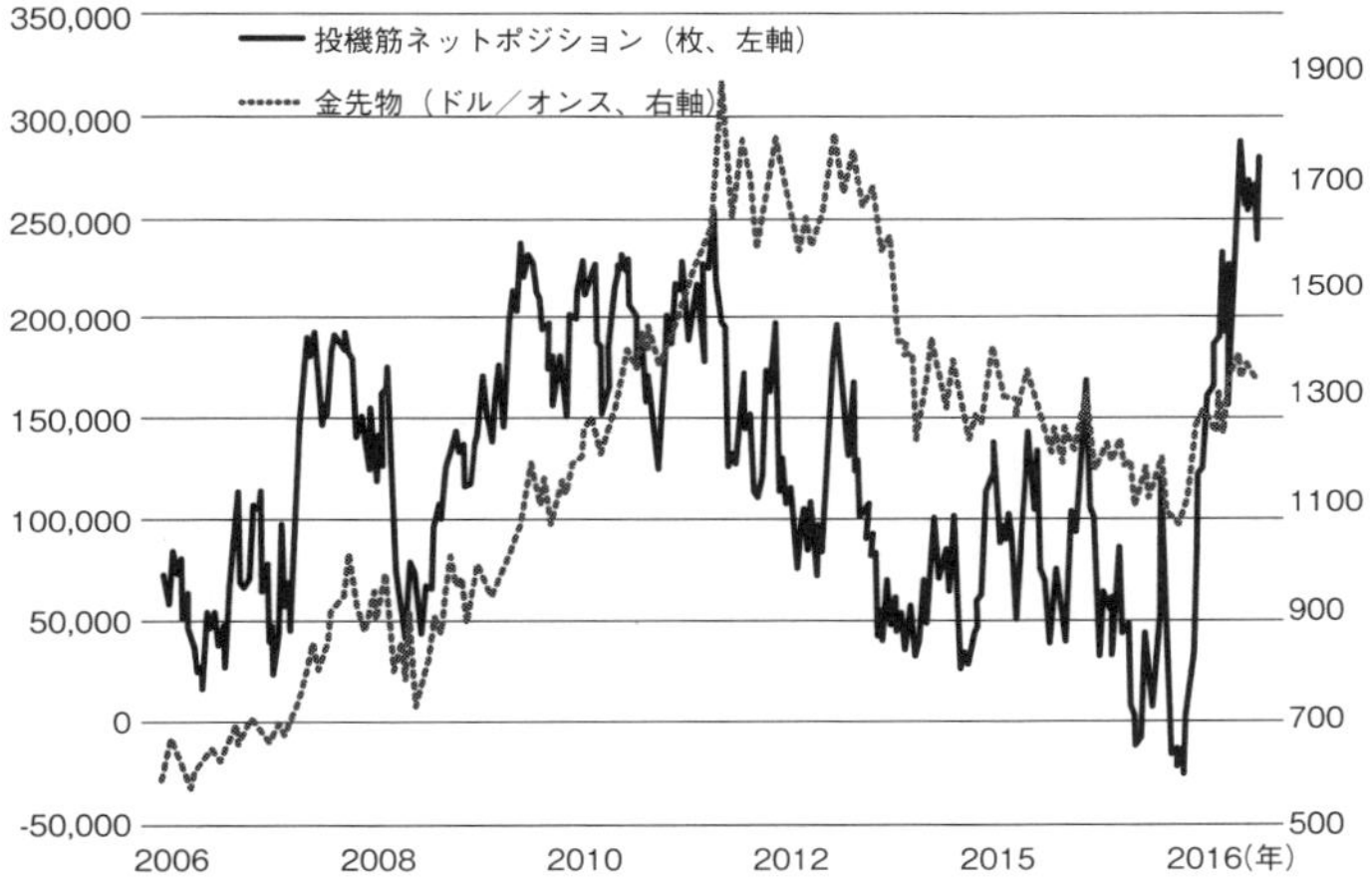

金上場投資信託(ETF)の残高と金価格

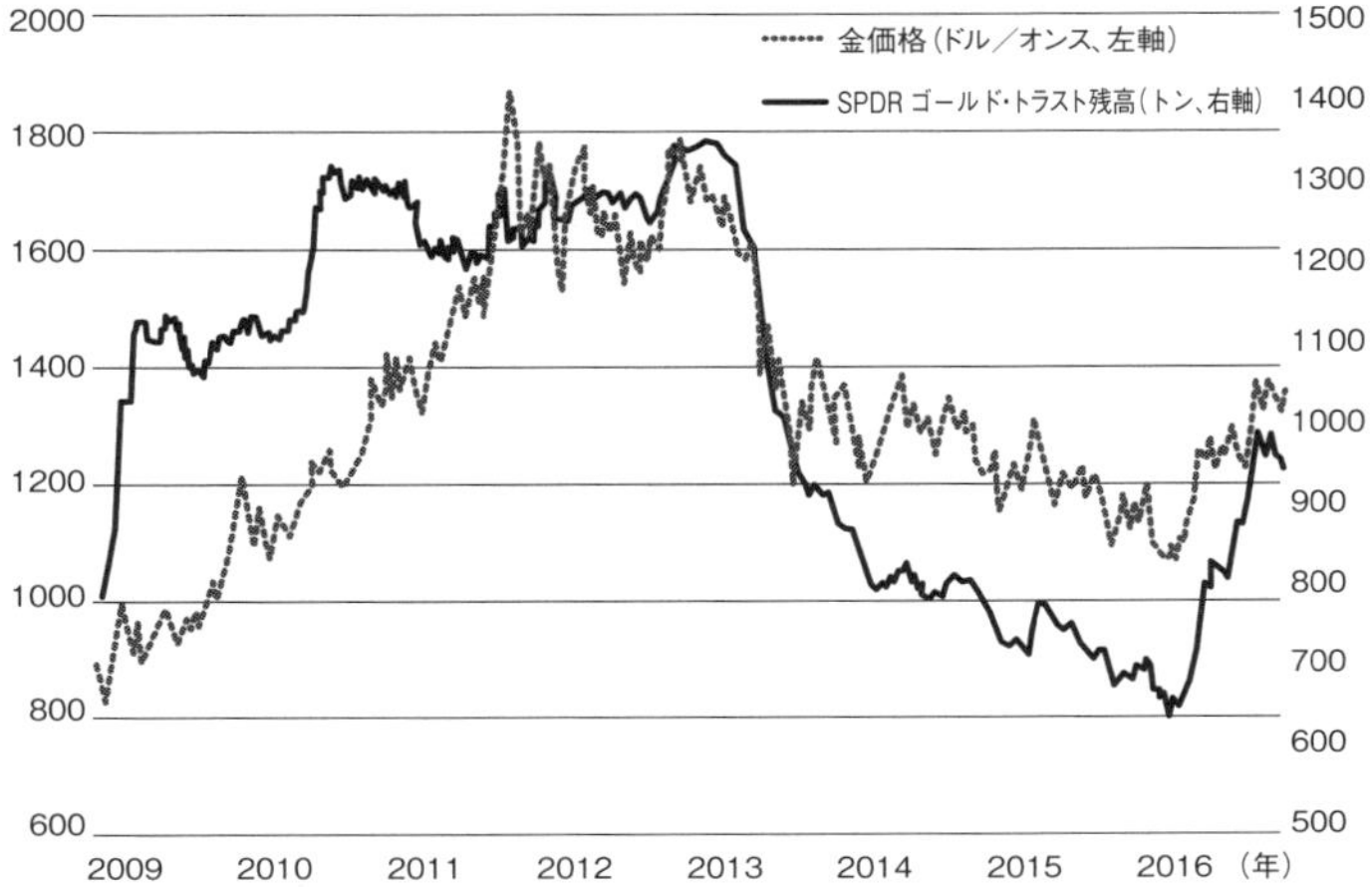

また、COMEX（Commodity Exchange）に上場される金先物市場でも、投機筋が大量のロングポジション（買い持ち）を積み上げていった。

日本では、2016年1月29日に日銀が史上初のマイナス金利政策の導入を決定した。それまでも日銀の国債買い入れなどにより、金利は低下していたが、さらにその金利をマイナスにしたことは、後述するように、筆者が考える金投資のタイミングを提供してくれている。

海外要因に加え、国内からも買いのタイミングを与えてくれる材料が出てきたことは、筆者にとっては非常にありがたい政策だと感じている。

金はコモディティであり、現物市場が存在する。その現物市場の需給に関する解説も必要であろう。

後述するように、金価格の変動には、世界第一位および二位の中国・インドの需要動向が大きく影響を与えている可能性が高いが、大局的な動きは金融市場の影響を受けるケースが多いように思われる。

それでも、需給面は無視できない。特に重要なのは、やはり投資需要である。最もわかりやすい指標は、上記のSPDRゴールドトラストの保有残高の推移である。日々発表されており、誰でもデータを即座に入手できる。それを日々追いかければ、投資家の金への対応を知ること

金需給動向(2015年)

単位:トン

供給	鉱山供給	3158	0.9%
	リサイクル	1173	1.3%
	ネットヘッジ売り	−24	—
	合計	4306	−2.0%

需要	宝飾品	2166.0	−3.4%
	産業用	361.0	−9.5%
	公的購入	483.0	3.6%
	投資	1115.0	1.3%
	地金	851.0	0.0%
	金貨	263.0	4.8%
	合計	4124.0	−2.0%
その他	差引供給	182.0	−2.7%
	ETF等	−124.0	−21.0%
	在庫	−48.0	—
	ネットバランス	354.0	2.9%

金需給動向

単位:トン

総供給	2015年 Q2	2016年 Q2	変化率	2015年 上半期	2016年 上半期	変化率
鉱山供給	774.4	816.9	5%	1502.0	1620.2	8%
リサイクル	267.4	327.7	23%	626.0	686.7	10%
合計	1041.7	1144.6	10%	2127.8	2306.9	8%

総供給	2015年 Q2	2016年 Q2	変化率	2015年 上半期	2016年 上半期	変化率
宝飾品	513.7	444.1	−14%	1110.8	925.3	−17%
テクノロジー	83.3	80.9	−3%	131.9	127.8	−3%
投資	186.1	448.4	141%	469.1	1064.0	127%
地金・金貨	209.1	211.6	1%	466.4	484.7	4%
ETF等	−23.0	236.8	—	2.6	579.3	22181%
中央銀行	127.3	76.9	−40%	239.7	185.1	−23%
合計	910.4	1050.2	15%	2127.8	2306.9	8%

ができるだろう。

金ETFは2003年に豪州で最初に上場され、それ以来、順調に拡大してきた。2012年までは一貫して金保有高が増加したが、13年には減少に転じ、15年までは売り越しが目立った。米国の景気回復を背景に、リスク回避のための金ETF買いが必要なくなり、持ち高を圧縮して、株式に資金が流れたからである。

ところが、16年に入るとその流れは一変した。米国の景気回復に不透明感が生じたことや、米利上げ観測の後退を背景にドル安が進行し、保有残高は急回復した。この傾向は年央になっても変わっていない。今後も余剰資金やリスク資産から流出した資金の受け皿として、ETF残高の増加傾向は続こう。

ちなみに、16年第1四半期の需給バランスは4四半期ぶりに25トンの需要超過へ転換した。宝飾需要や個人投資（地金・コイン）の落ち込みを金ETF需要がカバーしている。一方、金地金への投資も2008年から13年は増加傾向が続いた。13年には1408・2トンでピークをつけ、その後はやや低迷し、金地金投資は年間約850トンで推移している。

これらのデータは、ワールド・ゴールド・カウンシル（WGC）やGFMS社などが発表する需給データで確認できる。これらを読み込むことで、需給環境を知ることができる。

しかし、これらは四半期に一回の発表であり、タイムリー性は低い。

コモディティ全般に言えることだが、需給データが発表される頻度は多くて月に一度、少ないと四半期や年に一度のものもある。また、需給環境が短期間で劇的に変わることも少ないため、これらのデータを発表ごとに確認すればよいだろう。

重要なのは、そのデータに対して、市場がどのように考えるかであり、市場価格がどのように動くかにある。ただし、需給データを織り込む形で、価格が先に動いていることも少なくない。需給動向にだけ目を向けていると、市場に乗り遅れることもあるため、注意が必要である。

ちなみに、金の需給は総じて堅調のようである。

急激に圧縮が進んでいる産金会社の生産コスト

生産サイドでは、２０１５年には世界全体の金生産量は史上最大を更新したものの、世界一の生産国・中国は15年に減産に転じた。高コストの小規模鉱山が閉鎖に追い込まれているようである。

また環境保護規制の強化もあり、新規鉱山開発が停滞することも想定される。ＧＦＭＳは「今年から世界全体でも減産トレンドに入る可能性が高い」との見方を示しており、投資需要が回復すれば需給はひっ迫するとの指摘もある。

ちなみに、２０１５年の新産金量は３１５８トンで、市場に供給された４３０６トンの約７

金価格と産金コスト（ドル／オンス）

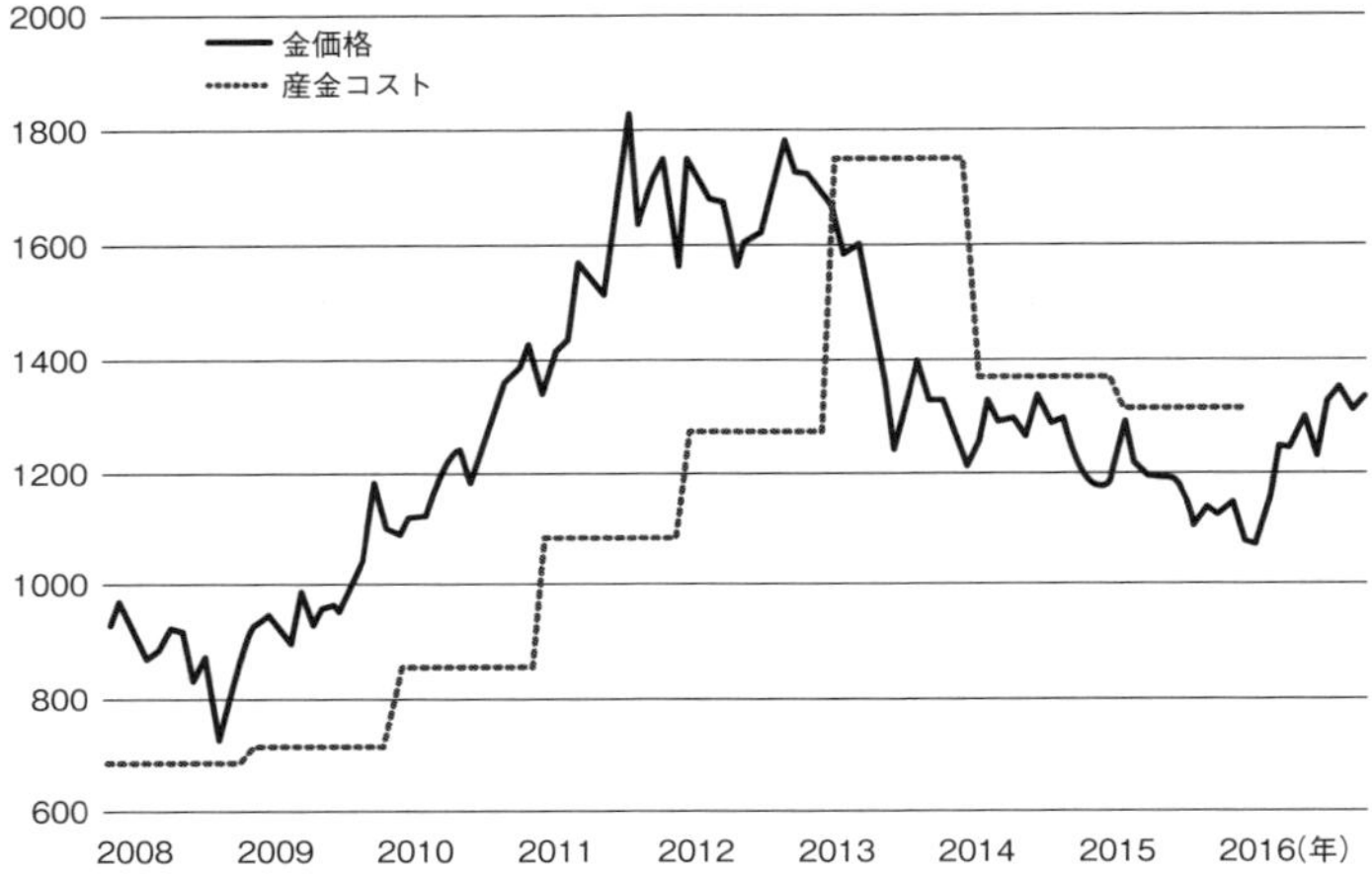

割を占めている。金の国別の生産量は、１位が中国、２位が豪州、３位がロシアである。以前は南アフリカが１位だったが、２００７年以降は生産の主役は南アフリカから中国に移っている。南アフリカはアパルトヘイト政策の撤廃や生産コストの上昇で生産量の減少傾向が顕著である。

一方、市場関係者が注視しているのが「生産コスト」である。産金コストとも呼ばれるが、これについては、考え方が難しい。

市場では、金の底値の目安として鉱山会社の「生産コスト」に注目するケースが多い。金の掘削や精錬など直接経費に加え、鉱山会社の経営にかかわる経費も加味した「オール・イン・コスト」は、２０１５年には世界平均で１オンス＝１３１０ドルだった。これから特別コスト

（会計上の減損損失）を引いた生産コストは1175ドルとなった。

簡単にいえば、金価格がこの水準を下回って推移すれば、鉱山会社は赤字に陥ることになる。ここ数年は生産コストが低下する傾向にあるが、その背景には不採算鉱山のリストラや閉山、さらに原油価格の低迷がある。

そもそも、鉱山の閉鎖自体にコストが掛かる。さらに操業を再開するとなれば、通常の操業時よりも多くのコストが掛かるとされている。そのため、「生産コスト割れ＝減産」という図式にはなりづらいとの見方もある。そのため、生産コストは金価格を需給面から実質的に押し上げるというよりも、むしろ減産が意識されるという〝心理面〟からサポートするケースが多くなるものと思われる。

株式の場合には、企業の解散価値とも言える純資産倍率（PBR）が1倍を割り込むと、割安と判断されるケースが多い。一方、金の場合には生産コストが安値の限界ラインを示す指標として重視されるケースが多い。

しかし、PBRの1倍が底値のめどであったとしても、そこで下げ止まる保証はない。むしろ1倍割れの銘柄が多く存在し、さらに1倍割れが長期化している銘柄も非常に多い。これと同じように、金の場合にも生産コストで下げ止まるということではない。

この点には注意が必要である。主要産金会社の生産コストは年々低下しているようである。この問題を考えるヒントは、産金会社の決算のなかに隠されている。

たとえば、産金業界最大手のバリック・ゴールド（Barrick Gold）の２０１４年通期の生産コストは８６４ドルである。これは２０１３年の９１５ドルから大きく低下している。原油価格などの費用が減少したこともあろうが、少なくとも産金会社の生産コストは急激に圧縮が進んでいる。金価格が安い時代には、産金会社は金探査費やその他コストを削減し、何とか生き残ろうとする。

一定のサイクルで価格は上昇するため、苦しい時期を乗り越えられると、その後はコストが低下しているため、価格上昇で大幅に利益を上げることができるわけである。

米同時多発テロ以降に増加に転じた各中銀の金保有高

需給面では、中央銀行の金保有高の推移にも注目したい。

２０１０年には22年ぶりに買い越しに転じたが、その後も中央銀行の保有高は順調に増加している。各国中央銀行は、自国通貨の為替レートの安定や外貨債務の支払いに充てるための外貨準備高の一部として、ドルなどの外貨に加え、金を保有している。

しかし、1990年代には売却が続いた歴史がある。1999年に英国が保有金を安値で売却し続けたため、歴史的な安値を付けたことは記憶に新しい。それ以外にも、欧州の中銀がワシントン協定を結び、年間の売却量の上限を決め、粛々と売却を続けたことから、金価格は250ドル台に低迷した。その背景にはドルの堅調さや、安全資産として保有する必要性が低下したことなどがあった。

また、新しい通貨「ユーロ」の誕生により、ユーロが対ドルで堅調に推移すると考え、金保有の必然性がなくなると考えたことなどが推察される。

しかし、この判断は、ユーロ創設後にユーロドルが1ドルを下回ったことから、誤った判断だったと揶揄されることになった。また、金価格が長期にわたる下落トレンドにあったことも、欧州の中銀が金を手放すことを決心させたといえる。

しかし、2001年の米同時多発テロ以降、地政学リスクの高まりと世界的な金融・経済危機を背景に、ドルに対する信認が揺らぎ始めた。そのため、新興国などがドル偏重への懸念を強め、外貨準備の構成比率の見直しに着手した結果、金保有を増やすことを決断し、実際に買い始めたのであった。

これにより、それまで売り手だった中央銀行は買い手に変わり、2010年に中銀などの公的機関が22年ぶりに買い越しに転換することになった。これが少なからず、金価格の下支えになったことだけは確かであろう。

ドル安基調がより明確になれば上昇する可能性を秘める金価格

金価格の歴史で重要なポイントになったのは当然ながら、1971年8月の「ニクソン・ショック」であった。

公定価格の1トロイオンス＝35ドルが外されると金価格は上昇し始め、1980年1月には、ソ連のアフガン侵攻などを背景に875ドルを記録した。この価格水準は、その後の金市場を見るうえで重要な指標になった。

1999年に250ドル割れ目前にまで下げるなど、金相場の低迷が顕著だったことを考慮すれば、この水準を再度つけるとはだれも想像していなかった。当時は生産者が将来の生産分の価格変動リスクをヘッジするために、先物市場を利用して売りを行っていたことも、価格低迷を後押ししていた。

また、先に述べたように、欧州の中銀が保有金の売却を推し進めていたことも、金相場の上値を抑える要因になっていた。

しかし、これらの動きが弱まると、相場は不思議なもので、基調は一気に上方向に転換する

金価格（ドル／オンス）

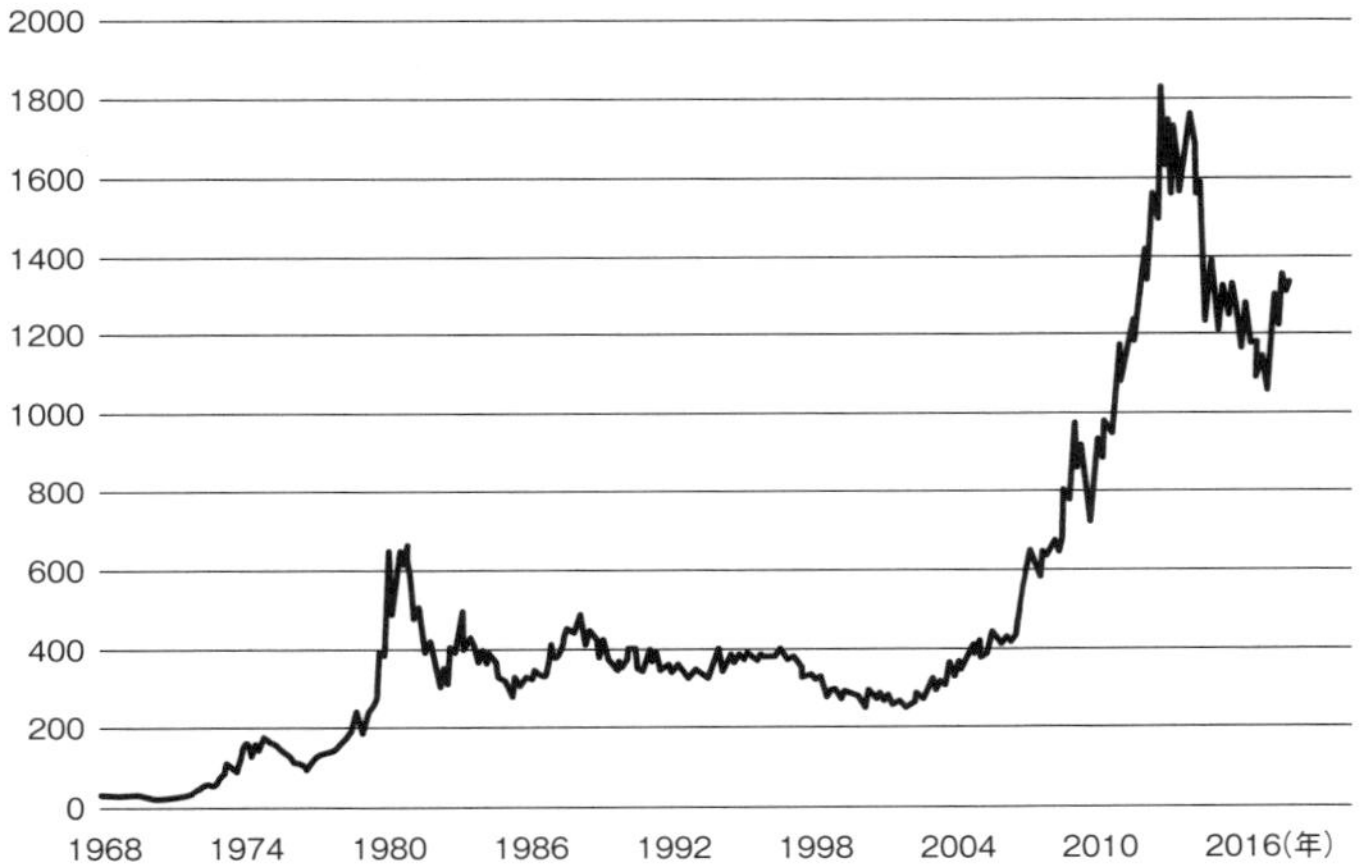

こととなった。

２０００年代に入るとコモディティ市場への投資資金の流入が顕著になり、２００４年に原油価格が40ドルの大台を突破した。このあたりから、コモディティの地合いは大きく転換し始め、金市場にも関心が高まった。

２００５年8月から基調は明確に上向きに転換し、２００８年1月8日には８８４ドルまで上昇し、高値を更新。その後も上昇基調は変わらず、3月には１０３０ドルまで上昇した。その後はリーマン・ショックなどの影響で下落したものの、11月には早くも底値を確認し、２０１１年9月には欧州債務危機の際の資金の受け皿として買われ、１９２０ドルの高値を記録するに至った。

今後、この価格を超えるかは不明である。金の上値のめどを想定するのはきわめて難しいからだ。

もちろん、価格が上がりすぎると、宝飾品需要が低迷することで価格は抑制されようが、一方で金融資産としての価値もあり、金融市場が混乱した場合や低金利状態が長期化した場合、さらにドル安基調がより明確になった場合には、結果として金価格は上昇する可能性がある。

また原油価格が上昇すれば、生産コストも上昇する。これも金価格を下支えする可能性があろう。

今後も金市場を主導するのは投資需要と考えるのであれば、投資家が金を必要とする理由がポイントになる。金ＥＴＦを購入するヘッジファンドや機関投資家・年金基金などが、何を理由に金を購入するのか。この点がきわめて重要なポイントになるだろう。

マイナス金利政策の導入時には相対的に高まる金の価値

このような市場環境のなか、筆者は「現在が金投資のタイミングに適している」と考えている。その理由は「金利」である。

冒頭でも解説したように、金には金利がつかない。したがって、金利が高い状況のときには、金の価値は少なくともその分だけ相対的に低いことになる。しかし、金利が低下した場合や、

金保有コストと金価格

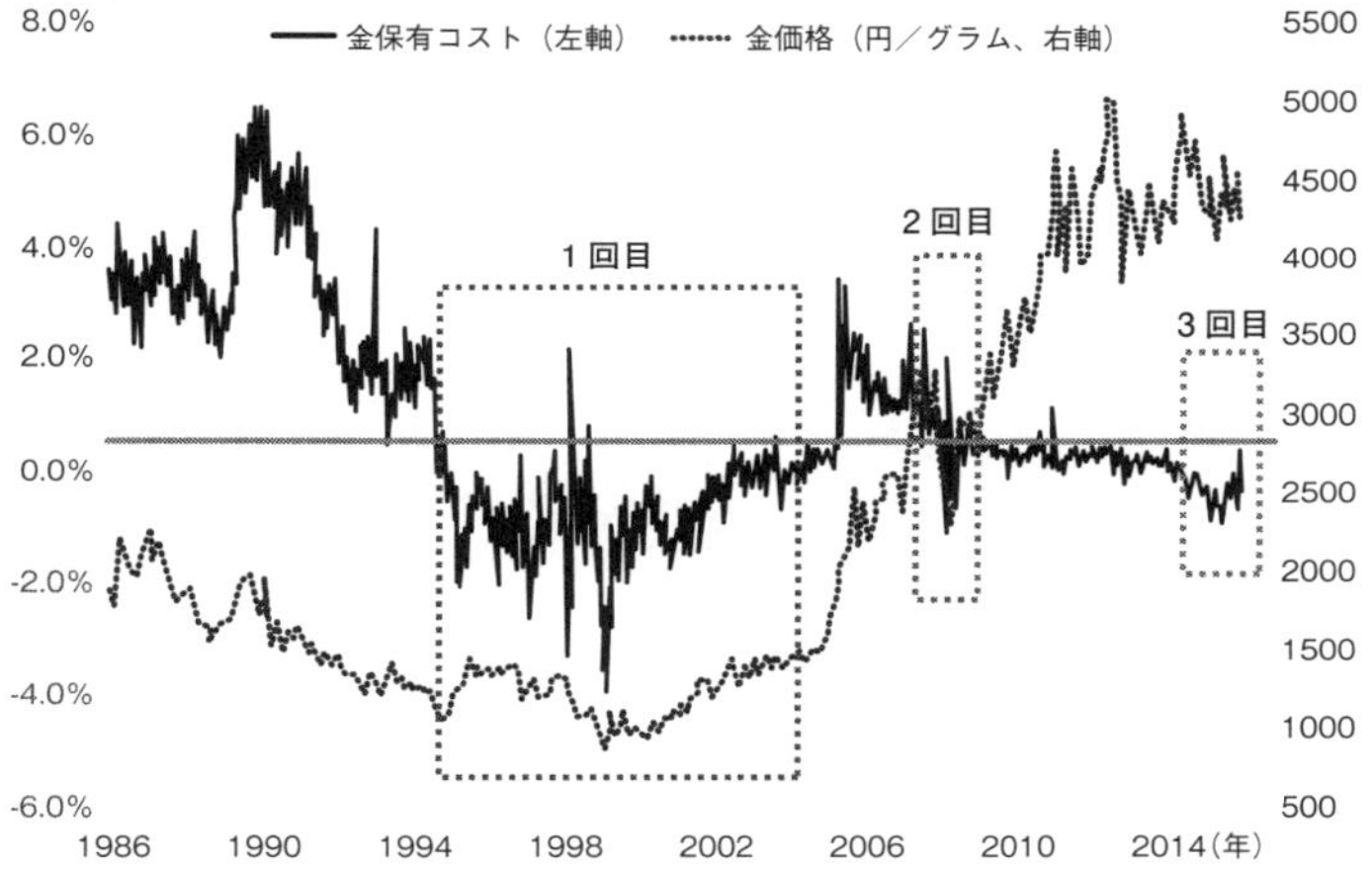

まして日本や欧州のように、マイナス金利政策を導入した場合には、むしろ金の〝相対的〟な価値は高まることになる。

正しくは、高くなるというより、結果としてそのようなときに投資をしておくと、のちに大きなリターンを得ることができたという表現が正しいだろう。というのも、過去に投資タイミングが到来した際には、マイナス金利のときはなかったからだ。

2016年に入り、1990年以降で3回目の金投資のタイミングが到来したというのが、筆者の考えである。

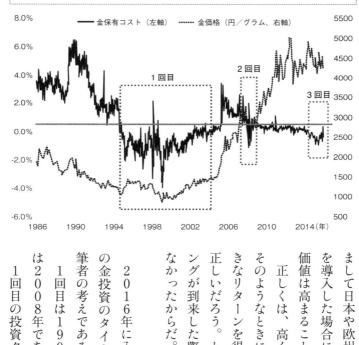

1回目は1995年から2005年、2回目は2008年であった。

1回目の投資タイミングでは、金価格が当時の安値を付けた。1999年のことで、金価格は250ドル台にまで下落した。これが当時の南アフリカの生産コストだったことは前述のとおりである。

生産コストがサポートした好例だが、この間は円建てでも1グラム＝1000円を割り込んでいた時期であり、水準としてはかなり低かった。もちろん、ドル建て金価格が急落したことが要因だったが、この当時も金利は低下しており、円建てで取引される金を購入しておくと、のちに大きな上昇になりやすい地合いにあった。

2回目の投資タイミングは、リーマン・ショック時であった。

2008年後半には、金融危機を背景に株価は急落し、債券も売られる状況となった。結果として金利は低下した。一方、安全資産と呼ばれる金も同時に売られるという、いわゆる現金化の動きが進んだことも、当時の特徴だったといえる。このような市場環境になった結果、円建て金価格に2回目の投資タイミングが到来したのだ。

金投資は結果追求よりも資産保全を優先すべき

これらのタイミングが到来したのは、当たり前のことであった。

金を現物で保有することを考えるとよい。コモディティの現物には保有コスト（保険料と保管料）が掛かるということである。

金の場合には、現物の総金額に対する物量としての大きさが小さいため、保管コストは相対的に小さくて済む。それぞれの自宅で金庫の中に保管しておけば、十分に管理できるからだ。

これが原油や銅、まして農産物などになると、管理ができない。当然、一単位当たりの保管料が大きくなる。その点で、金はコストのなかで保管料をほとんど気にする必要はない。むしろ。重要なのは金利である。現物を保管するということは、現金を預金する際の金利を放棄するということを意味するからだ。

したがって、現在保有している現物の金の将来価値は、金利分だけ高くなる。逆にいえば、将来価値からみた現在価値は、金利分だけ低くなる。将来価格はこの金利と保険料、保険料を加えたものになると考えるのがセオリーである。

ということは、金利が低いほうが保管コストは低下することになる。つまり、現在のような低金利あるいはマイナス金利の際に金を購入すれば、その分だけコストが低下するため、多少の価格の変動にも耐えられると考えられる。そしてマイナス金利であるいま、3回目の投資のタイミングが到来しているのである。

この考え方はあくまで理論的な話ではあるが、過去の実績から見て、きわめて現実的なポイントである。このようなところにまで目を配って投資判断をしている投資家は少ないだろうが、金投資をするうえで最も重要なのは、価格水準やトレンドだけでなく、このような金の保有コストにも注目しておきたい。

ちなみに筆者はこの点について、セミナーで毎回チャートを使って説明している。この考え方が一番論理的であると考えている。ちなみに、この保有コストの計算はきわめて簡単である。

筆者は簡便な方法で計算しているが、その結果と過去の金価格の動きを比較すると、セオリーと実際の値動きがピタリとあっていることが確認できる。

現在の円建て金価格は過去の歴史で見てもかなり高いのだが、このように計算した現在の金価格はそれでも投資対象として最もふさわしいとの見方は変わらない。

ちなみに、前述の1回目の投資タイミングで投資した場合、投資リターンは概ね5倍超、2回目の投資タイミングでは同様に約3倍となっている。今回の投資タイミングでは、金価格はすでに1グラム＝4000円を大きく超えている。前回のように価格が3倍になれば、金価格は1万円を超える水準にまで上昇することになる。

金投資は大幅なリターンを期待するものではないが、2倍程度のリターンは期待してよいのかもしれない。つまり、ドル建てでみると2000ドルを超えて、2500ドル前後程度までの上昇は十分にあり得るとの試算である。

しかし、それはあくまでも過去データからの想定でしかない。金投資は結果を求めて行うよりも、やはり資産保全の観点が重要である。さらに、投資タイミングは金利が低いときがよい。その結果として、将来的に投資成果が得られれば、それはそれで素晴らしいことである。

とにかく、金については長期的に見ておくことが肝要である。最低でも3年から5年はまずは粛々と投資し、その後の成果をたまに確認するくらいの感じでちょうどよいだろう。

取引コストが圧倒的に安い先物取引

金への投資には多様な方法がある。地金、上場投資信託（ETF）、コイン、先物、差金決済取引（CFD）、などが挙げられる。以前はETFやCFDなどは存在しなかったので、この数年で金投資のアイテムが本当に増えた。これは非常によいことである。

これらのなかでどれを選ぶのかは、投資家の投資スタンスや投資手法による。

地金そのものに投資したいのであれば、直接的に地金を購入すればよい。地金の場合には、コストが高いのが問題点だが、地金という現物を保有できるのは、コモディティならではである。その価値を体感できるところもよい。

一方、金の価値に投資するのであれば、ETFで十分である。証券市場で他の株式と同じように取引できる。コストも一般の株式取引と同じである。インターネットで取引すれば、売買コストは大幅に低減できる。なかには現物を受け取れるETFも上場されている。ETFが設定される前は、一般的な機関投資家や年金基金、さらに株式投資に特化したヘッジファンドなどは金投資ができなかった。

しかし、金ETFは証券であり、他の株式と同じである。つまり、ETFの登場で、多様な投資家が金市場に間接的に参加し、実際に投資することができるようになったのである。その結果、金市場には「投資需要」という新たな需要が創出されたのである。

無論、この投資需要は金需給に大きな影響を与えたことはいうまでもない。またコインも現物と同じように考えてよいだろう。受け渡しや保管も簡単であり、利便性や投資金額の規模を考えると、きわめて気軽にできる投資手法といえる。

問題は先物である。

日本では、コモディティの先物取引はあまり良いイメージがない。実際には日経平均先物の取引と仕組みや考え方は同じなのだが、どうもあまり良いイメージがない。それは、過去の営業手法に対するイメージであろう。

しかし、いまは実際には法律で厳しく規制されており、以前のような半ば強引なセールスはできなくなっている。また、そもそも、取引ルールなどは基本的に変わっていないのだから、市場そのものには何も問題がない。この点が投資家に正しく伝わっていないのは、筆者としても非常に残念である。

商品先物取引で金などのコモディティを取引する際には、証拠金取引を行うことになる。「先物取引は怖い」とのイメージがあるもう一つの理由が、この証拠金を使ったレバレッジ取引である。差し入れた証拠金に対して数倍の金額の取引ができるわけだが、取引する枚数を数倍にまで膨らませるから損失になった場合の金額が大きくなる。地金購入の際と同じように、差し入れた金額に対して1倍で取引すれば、リスクは地金への投資と同じである。

資金管理がしっかりできていれば、取引コストは先物取引が圧倒的に安い。この点について、投資家は正しく理解すべきであろう。

ＣＦＤ取引も最近では耳にするケースが増えた。これは、見た目は先物と同じだが、価格を提示している業者がリスクを取って相対で取引を受けている。そのため、先物市場やその先の取次業者との取引のコストがかかるため、顧客に提示される売り値（オファー）と買い（ビッド）のスプレッドは大きくなる。これが業者の収益やコストカバーになるため、仕方がない面がある。

ただし、最近で海外の先物市場で取引される多くのコモディティや銘柄を取引できるようになっており、利便性は高まっている。これも先物取引に続いて、比較的低コストで取引できるツールである。

いずれにして、金などのコモディティはさまざまな方法で取引が可能である。そのなかで、金は数少ない現物を直接保有できるコモディティ銘柄である。これらの特徴をよく理解したうえで、自身に向いているツールで取引するとよいだろう。

金鉱株投資という選択肢

また間接的な金投資という意味では、金鉱株への投資という考えもある。

金鉱株は世界の投資家も注目し、実際に投資している。著名投資家のジョージ・ソロス氏も、2015年の金価格が安かった時期に投資を行い、2016年の高値圏で〝売り抜け〟ている。

投資を行った当時は、金鉱株自体が相当安い水準に放置されており、このタイミングでの投

金価格とバリック・ゴールド株

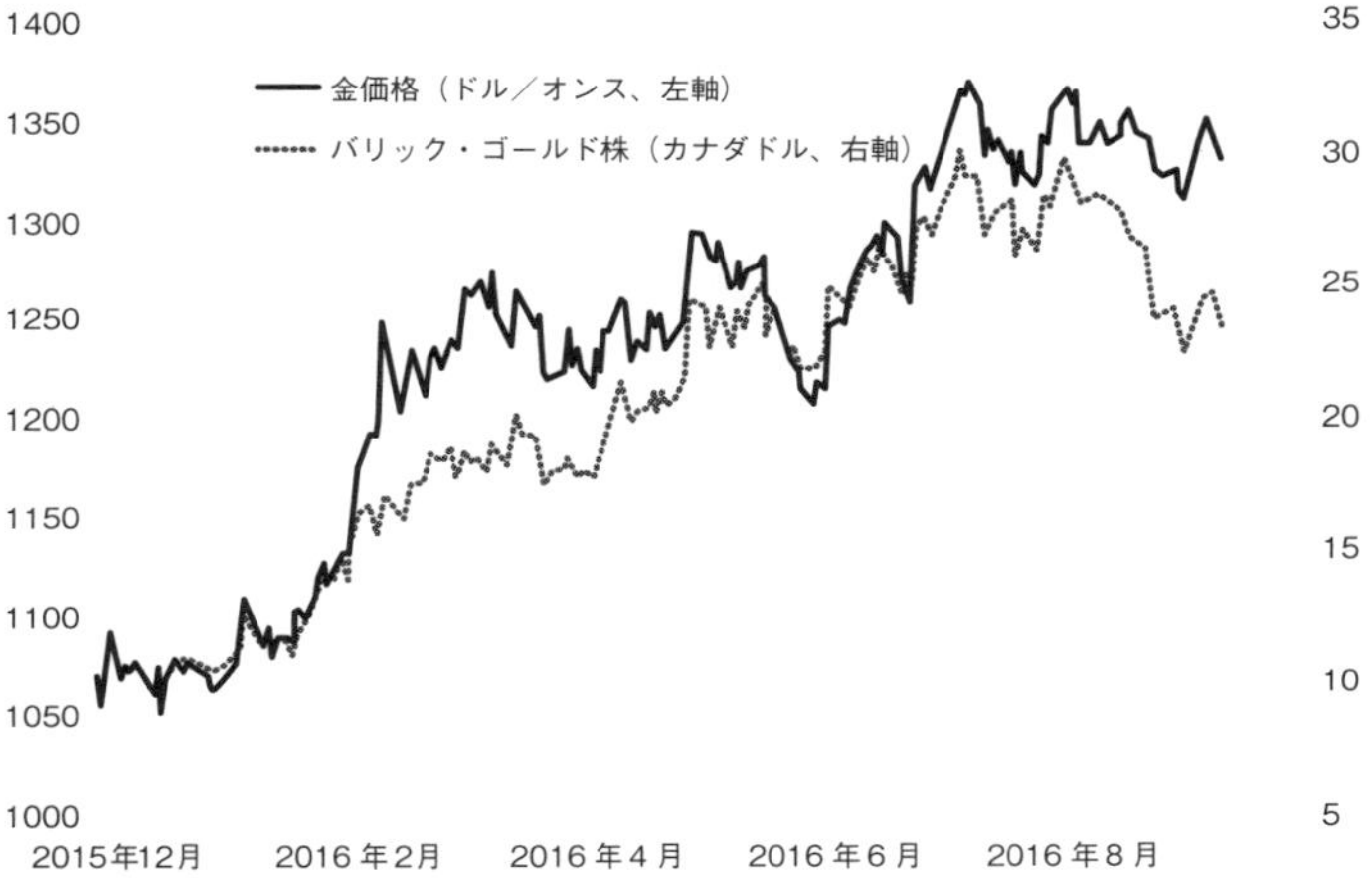

資はまさに底値拾いといってよいほどのタイミングだった。安値の放置されていたのは、金を含むコモディティ全般が売り叩かれ、安値で推移していたことで、企業業績も大きく落ち込んでいたからである。

そのタイミングでの投資を行ったソロス氏は、さすがというしかない。

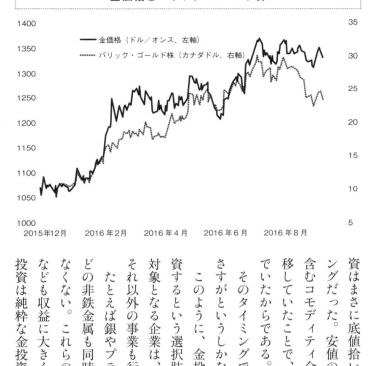

このように、金投資の代替として金鉱株に投資するという選択肢もある。ただし、金鉱株の対象となる企業は、金に関する事業だけでなく、それ以外の事業も行っているケースが多い。

たとえば銀やプラチナなどの貴金属や、銅などの非鉄金属も同時に生産しているケースが少なくない。これらの金属の価格変動や市場動向なども収益に大きく影響するため、金鉱株への投資は純粋な金投資にはならない。また金鉱株は何といっても株式である。株式市場の影響を受けることは避けられない。

今回の金鉱株の上昇局面では、相当に割安な水準にまで下げていたこともあり、その後のリターンが大きくなった。この期間のリターンは、純粋な金投資よりもはるかに高い。

しかし、長期的に見れば、ほとんどの期間で金投資のほうがリターンは高くなっている。

したがって、金のエクスポージャーを取りたいのであれば、金投資の代替として金鉱株を検討する前に、やはりまずは金への直接的な投資を検討すべきである。

金そのものに投資したほうが賢明

最後に、金市場が持つ独特のアノマリーについて解説したい。

金は工業品であるため、農産物や原油・石油製品のように、生産・消費に関する季節性に乏しいと思われがちである。しかし、それは明らかな理解不足である。

金には需要面に明確な季節性がある。統計的にいえば、投資のタイミングは8月が良いといわれている。8月は金価格が安くなるケースが多く、そのときに購入し、年末から翌年の初めに売却すると利益が出やすい傾向がある。

この背景には、8月には需要が減退し、価格が下げやすいことがある。逆に秋口になると、インドの婚礼シーズンや年末になればクリスマス需要も喚起される。特にインドでは、結婚の際の持参金制度が残っており、嫁ぐ娘に親が金の宝飾品などを持たせる風習が残っている。そのため、そのような時期には金需要が膨らむことになる。またクリスマスシーズンはプレゼント用の需要である。

また年が明けると中国の春節での金需要の高まりがみられる。このように、季節ごとに金が買われる時期がある程度決まっており、それに連動する形で金価格が動くケースが少なくない。

このように、1年間で見れば、ほとんどのケースで8月に買い、それを保有して、翌年の2月から3月ごろに売却するといったことを繰り返す投資手法も検討に値しよう。もちろん、この方法が常に上手くいくとは限らない。

しかし、米国株に関するアノマリーで「Sell in May」というものがある。投資を実際に行っている投資家の方であれば、お聞きになったことがあるだろう。

米国株を9月から10月の安い時期に買い、持ち続けて翌年の4月ないしは5月に手仕舞い、利益を確定して、夏は休暇を取って市場から離れる、といったサイクルである。

過去の統計では、この傾向がかなりはっきりと出ているため、米国の株式市場ではかなり意識されている。金にも似たようなアノマリーがあることは、非常に興味深いところである。

金価格の月別騰落率

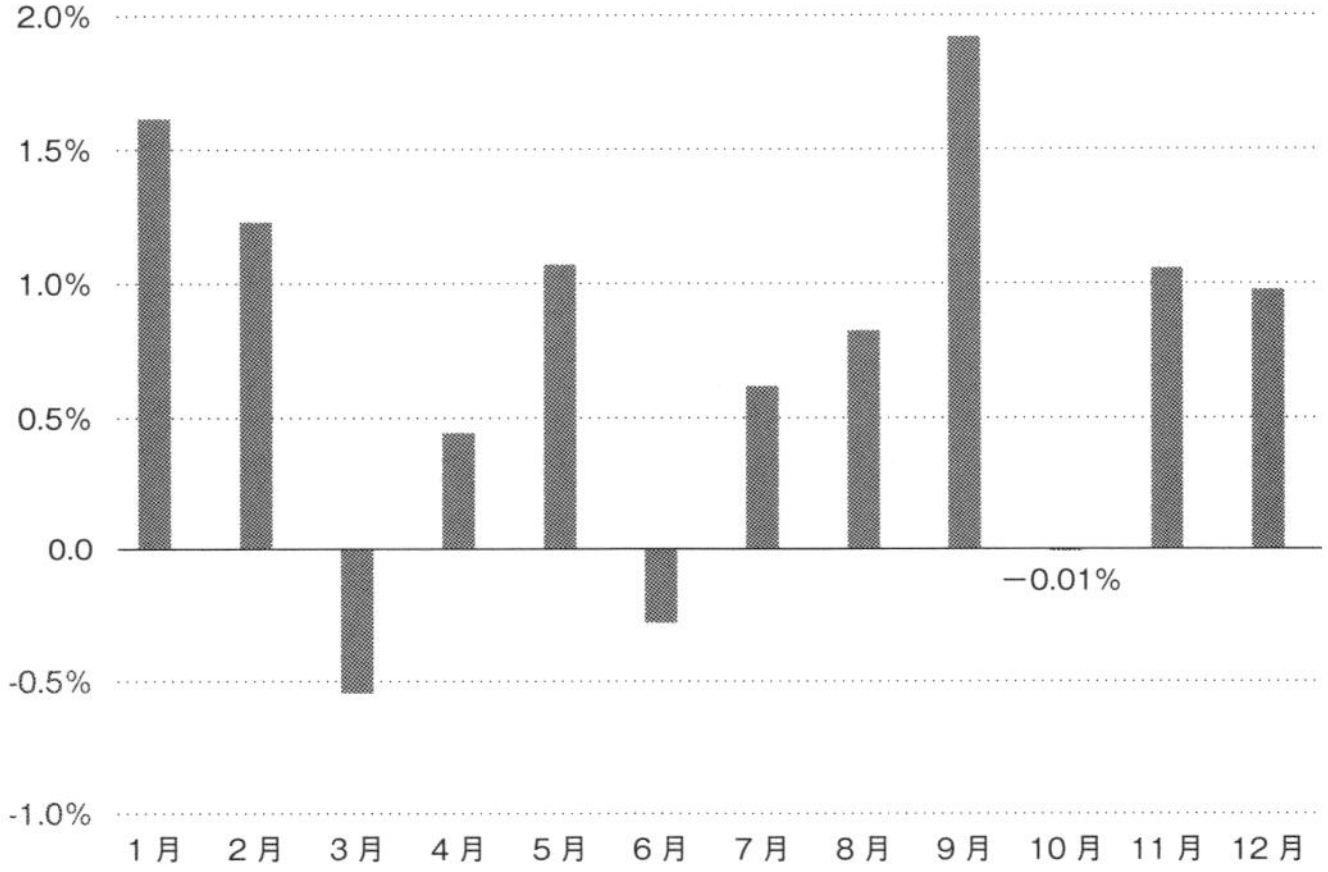

貴金属の騰落状況（2001年初からの変化率、%）

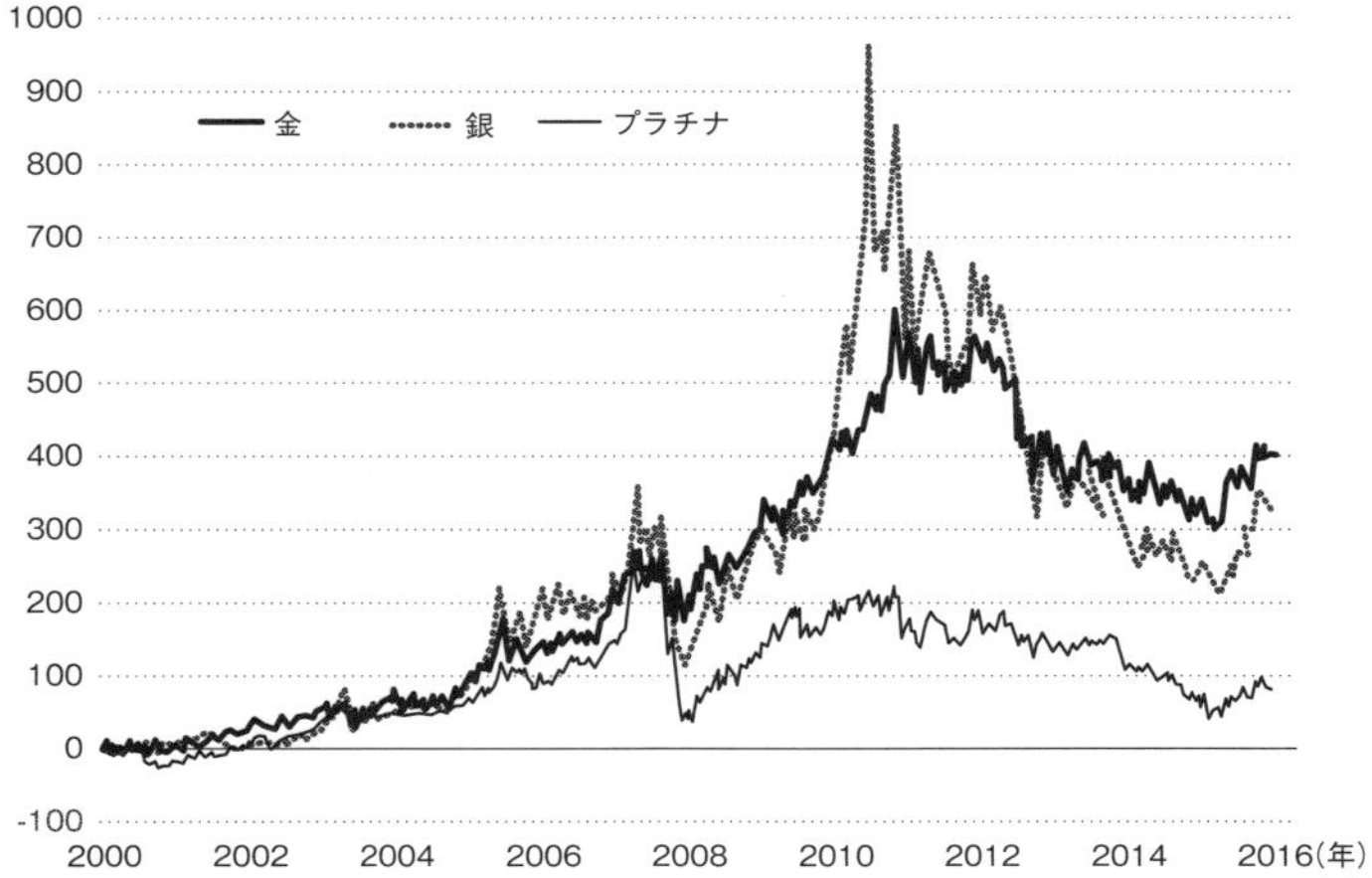

ちなみに、金に似た投資対象として、同じ貴金属である銀やプラチナを挙げる声もある。これらの銘柄は、確かに値動きは大きく、リターンも大きく出やすい傾向がある。銀もプラチナも工業用需要の比率は大きく、金とは趣が異なる。

現在では、銀やプラチナは通貨代替としての価値を認められていない。この点は金と大きく異なる点である。さらに、銀は投機的な動きをするケースが多い。１９８０年にはハント兄弟による買い占め事件が発生し、暴騰したのちに暴落するなど、歴史的に激しい値動きをすることで知られている。

また、「金／銀レシオ」を見ると、銀は金に対して割安に放置される時間帯が少なくない。一時的に急伸するケースもあるが、需給がひっ迫しているわけではないため、そのような動きも続かない。

プラチナも、以前は南アフリカやロシアなど主要生産国からの供給問題で、思わぬ高値を付けるケースが多かったが、最近ではそのような材料もみられない。歴史的に金価格を上回る状態が普通だったのが、最近では下回って推移する時間帯が長くなってきている。

このように、両者は過去の値動きパターンとはかなり異なってきている。

以上記してきたように、金投資の代替を考えるよりも、金そのものに投資したほうが情報量の面でも理解しやすいし、取引するうえでの流動性の心配をする必要もない。資産保全や金融資産のヘッジのツールとして、金以上のものはないだろう。

将来的には「ビットコイン」がその立場になる可能性はある。しかし、結局はバーチャルな世界である。また通貨の代替としての認知度が上がるのに相当の時間がかかるだろう。この点においても、当面は金の安全資産としての優位性は揺るがないだろう。

金市場についての考え方

- コモディティが上昇しやすい期間に入っており、金価格も堅調に推移する
- ドル安基調が金価格を支える
- 低金利は金投資にとって最も重要な要因
- 金市場は不安定な金融市場の受け皿として機能する
- 投資需要は今後も拡大する
- 金生産量の伸び悩みが需給面から下値を支える
- 生産コストはあくまで下値の目安であり、底値を意味しない

第6章

原油価格は再び１００ドルを目指す

カルテルを創設したがゆえに問題が起きやすくなった原油相場

原油相場は100ドルの大台を回復するのだろうか？

筆者は長期的には、その可能性は十分にあるとみている。しかし、現在では、原油価格に対して強気な見方をする向きはほぼ皆無である。

2008年にWTI原油が147ドルの史上最高値をつけたあと安値を付けて、再び100ドルを超えたものの、需給環境の変化を嫌気して下げてからは、安値圏で推移している。このような動きが、市場関係者の原油に対する弱気な見方につながっているのだろう。

米国でのシェールオイルの出現もあり、確かに市場構造は大きく変化した。そのため、上昇をイメージできる状況ではない。それでも、上昇に向かう可能性は十分にあると筆者はみている。その方向に行くためのキーワードは「産油政策」と「ドル安」である。

原油にかぎらず、コモディティ価格を見るうえで重要なポイントは、「価格は供給サイド次第」という点である。株式市場では、株式の売り出しや増資などの市場への株式の供給増が需給を悪化させることはあるが、一旦市場に上場されてしまうと、あとは市場の人気次第、つまり需要次第となる。

ところが、コモディティの場合には常に〝供給サイド〟の動きを注意しなければならない。

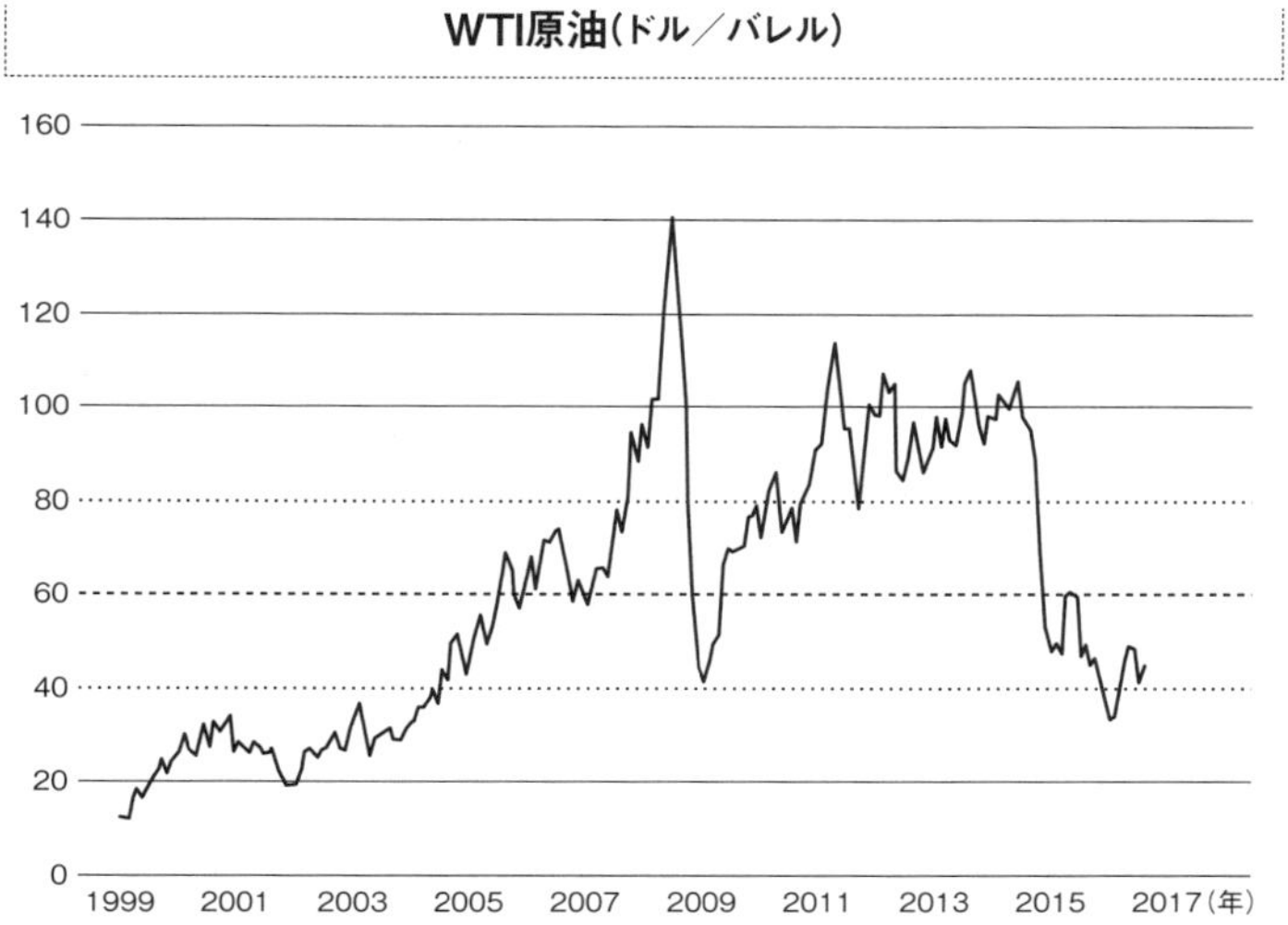

需要が盛り上がれば、価格は上昇するかもしれないが、上がり過ぎると需要サイドが耐えられなくなり、価格は〝調整〟されるからだ。

一方、供給サイドが供給を絞れば、価格は比較的容易に上昇する。株式であれば、市場から株式を買い入れて償却するイメージだろうか。いずれにしても、コモディティは生産・供給サイドが価格の決定権を握っている、というのが筆者の考えである。

特に、原油の場合には、生産者の多くが国有企業であり、国家収入の非常に重要な位置を占めている。国が産油量をコントロールし、価格を操作することが可能なのである。それは、過去の産油国のカルテルの動きをみれば容易に理解できるのだが、一方でカルテルを創設したがゆえに、問題も起きやすくなっている。

つまり、価格コントロールをしたいものの、自国だけは収入を最大化したいとの思惑が、カルテルメンバー間の摩擦につながるわけである。この構造は今後も続くだろうし、結局はカルテルメンバー間の利害が一致しないなかで、どのように落としどころを探りながら、ベストな方策を目指すのかが、原油価格の高止まりを演出する最も重要なポイントになる。

これは、いまも昔も変わらない。

原油価格のコントロール機能を失ったＯＰＥＣ

すでに広く認識されているように、原油市場の構造が大きく変わってきている点は、これまで価格をある程度コントロールしてきたＯＰＥＣからすれば、非常に頭の痛い問題であろう。

一番の問題は、米国のシェールオイルの登場であった。

その一方で、過去に原油価格が下落したときには、ＯＰＥＣ加盟国の判断の誤りが非常に大きく影響していることが多かった。

２０１４年7月以降の原油価格の下落においても、シェールオイルの拡大に対する政策の誤りがあったことは否めない。それよりも、むしろ価格コントロール機能を失ったことを認めざるを得なくなったことに対して、衝撃を受けたのではないかと推察される。

米国の産油量の変化で原油価格が変動したからである。リーマン・ショック後の２００９年

6月には179基まで低下した米国内の石油掘削リグ稼働数は、その後順調に回復し、2012年に1400基台にまで拡大した後は、横ばいでの推移が続いた。

しかし、その後14年に入ると再び増加し始め、10月には1609基という最大のリグ稼働数を記録。リーマン・ショック時の08年9月には日量383万バレルにまで落ち込んだ産油量は、リグ稼働数の増加につれる形で回復し、14年に入ると同800万バレル台に拡大し、15年6月には同961万バレルに達した。

米国がどんどん産油量を増やすなかで、原油価格は下落の一途をたどった。OPECはこれを、指をくわえて見ているしかなかった。効果のある政策を打ち出すことができず、OPEC総会でも原油価格の下落に歯止めを掛けるための産油量の変更には至らなかった。

その結果、14年6月には100ドルを超えていたWTI原油は、16年2月には26・05ドルまで下落した。

この動きを受けて、さすがに産油国も危機感を感じたのだろう。16年2月にはロシアがサウジに1月実績ベースでの生産量の抑制を提案した。2月にはこれにカタールとベネズエラが同席し、イランとイラクの参加という条件付きで、生産抑制で仮合意に至った。この合意をベースに、同年4月にはOPEC・非OPEC加盟国の主要産油国が協調し、生産量の据え置きで合意する見通しとなった。

しかし、ぎりぎりになってサウジが「イランの参加が条件」としてこの合意を破棄した。まさに「卓袱台返し」である。この会合には、最初からイランは参加しておらず、当時のサウジの意図はいまだに不明だが、いずれにしても、産油国がそれぞれの立場を横に置き、価格押し上げで合意することがいかに難しいかを浮き彫りにした。

ただし、このときには原油価格は下落しなかった。逆に、6月には51・67ドルまで上昇した。その背景には、米国の石油掘削リグ稼働数が減少し、産油量が減少していたことがあった。つまり、米国の産油量の変化で原油価格が変動したのだ。

OPECはこのとき、原油価格のコントロール機能を失ったと〝再度〟感じたのではないだろうか。なぜなら、原油価格の下落時だけでなく、上昇時にも米国主導の材料が原油価格を動かしたからである。

いずれ石油需給の逼迫は不可避となる

このように考えると、原油価格の趨勢については、米国のシェールオイルの生産状況次第のように思われる。確かに、目先的にはそうかもしれない。シェールオイルの生産に関する知識や技術は、米国だけが保有している。彼ら次第で生産量はいかようにも変化させられるように思われる。

これにより、原油価格をコントロールする機能が、ＯＰＥＣから米国に移行するとの連想につながるわけである。２０３０年代には、米国は石油を自給できるとの見通しもある。その間に、生産技術はさらに向上するだろうから、産油量は現状の見通しよりもさらに伸びている可能性もある。そのため、米国の価格コントロール機能はますます強化される可能性がある。

一方で、中国やインドなど多くの人口を抱える国は、石油消費量が拡大し、輸入依存度がさらに高まるとみられている。そうなれば、産油国の価格コントロール機能はますます強化される可能性がある。

これまでＯＰＥＣは、需要減退による価格下落に対して、減産することで価格下落に歯止めをかけることをしてきた。一方で、２００８年のコモディティバブル時の価格急騰時には、産油量を増やして市場を鎮めようともした。

しかし、このときはＯＰＥＣの機能は価格上昇を抑制するという点では、ほとんど機能しなかった。また現時点でも、ＯＰＥＣの価格コントロール機能は著しく低下しているように見える。

とはいえ、余剰生産余力があるのはＯＰＥＣ以外にないとみられている。今後は世界の人口

世界石油需給とOPEC生産量（日量百万バレル）

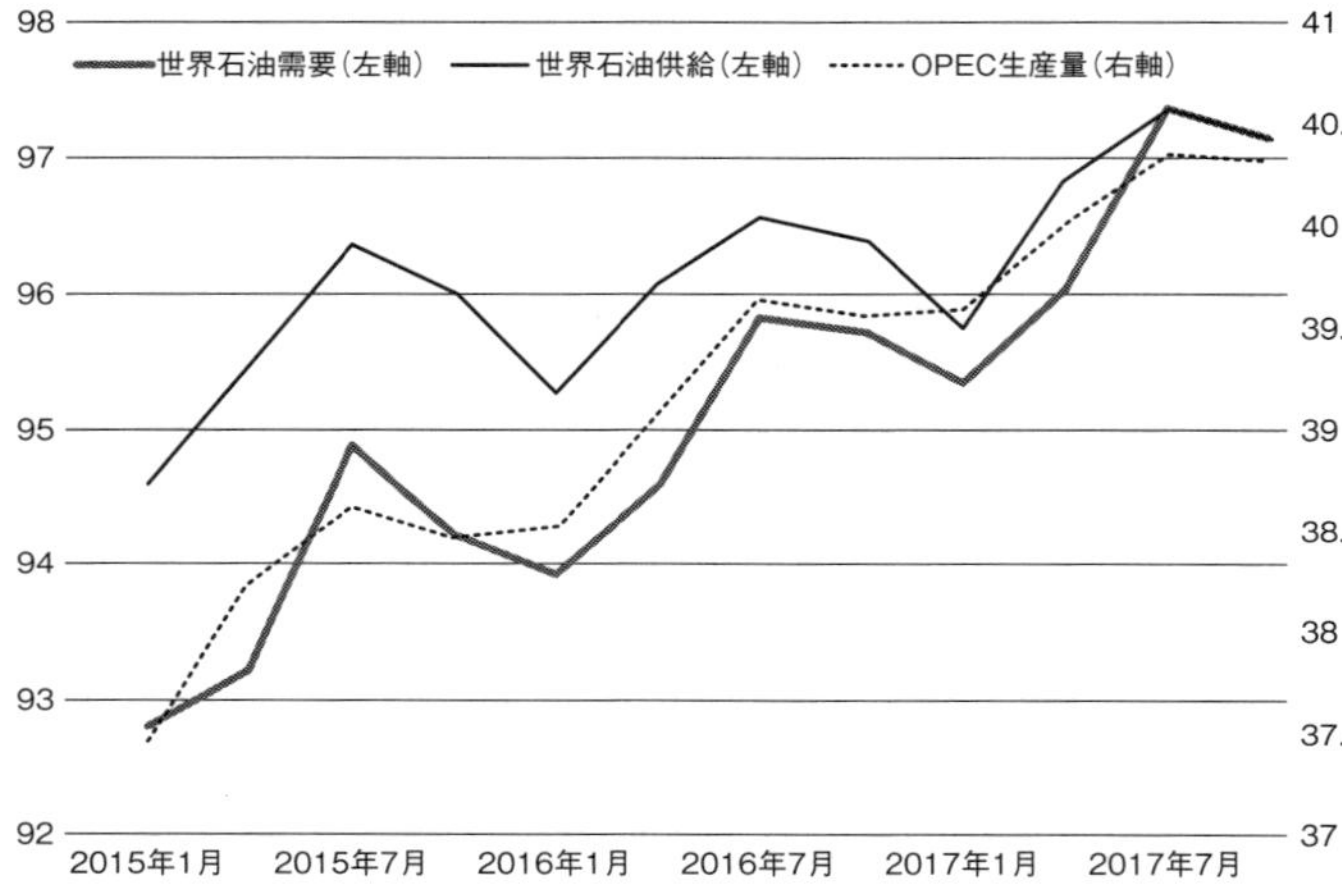

※2016年7月以降は推計

は着実に増加し、２０４０年には90億人に達するとの見通しもある。そのため、世界の石油需要は今後も増加傾向を続けるだろう。一次エネルギー消費量が前年比で減少したのは、第二次オイルショック後の3年間と、リーマン・ショック後の２００９年だけである。

つまり、それ以外の年のエネルギー消費量は年々増加しているのである。このように考えると、今後も当分の間は一定のペースでエネルギー消費量は増加し、原油需要も同様に増え続けると考えるのが妥当であろう。

そうであれば、石油供給が増加しない限り、石油需給は確実に逼迫することになる。

産油国に増産余地がないとすれば、いずれ石油需給の逼迫は不可避となるはずである。

米国のシェールオイル生産は、２０４０年

ごろには日量1000万バレルと、現在の2倍を超える見通しだが、それはかなり先の話であり、さらに価格水準次第である。

また、その間に代替エネルギーの供給拡大や新規のエネルギー源が登場すれば、石油需給はむしろ緩和方向に行くかもしれない。

カギを握るのはやはりサウジの動向

しかし、現時点で根拠のない想像を働かせて、石油需給が緩和に向かうとのシナリオは立てることはできない。今後もエネルギー消費に占める石油のシェアは低下するだろうが、絶対量の拡大は続くだろう。

このようなエネルギー消費量の拡大を背景とした石油需要増に対応できるのは、OPECしかないだろう。そのなかでも、余剰生産余力を抱えているのはサウジぐらいしかいないというのが、市場のコンセンサスである。

2016年央時点でサウジが日量200万バレル程度、イランが同30万バレル程度とみられており、実際にはきわめて限定的のようである。このような状況を考えても、原油需給が今後極端に緩和し、原油価格が下落に向かうと考えるのはむしろ難しいように思われる。

もっとも、ガソリンを使用しない電気自動車の大量生産技術の出現や、それ以外にも新たな

OPEC産油国の産油量の推移（日量百万バレル）

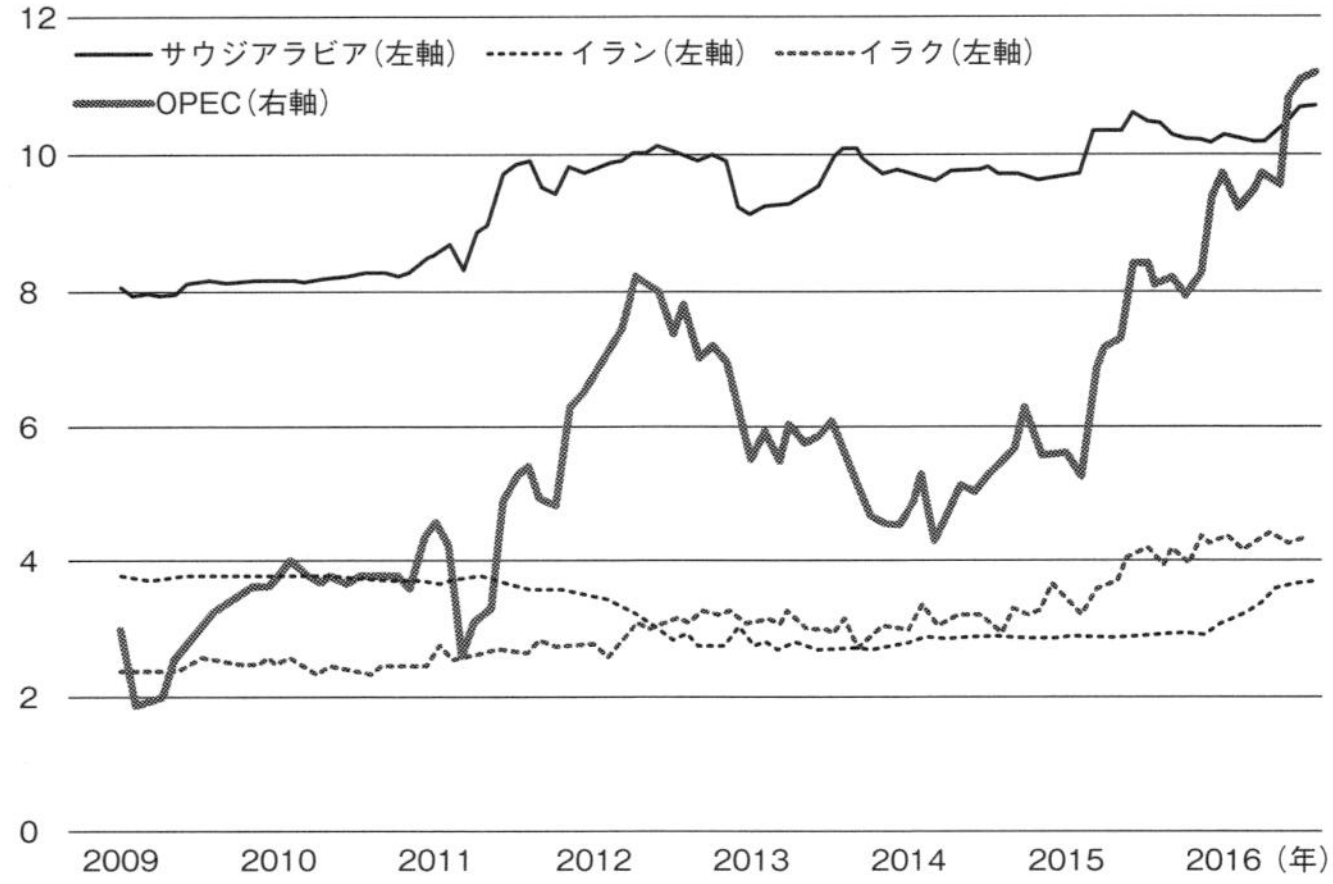

エネルギーが２０４０年ごろまでには登場するだろう。

しかし、それでも２０２０年という比較的近い将来のことだけを考えれば、前述のように、石油需給は緩和するよりもバランスあるいは逼迫状況が続くのではないかと考えられる。この点は、原油価格を下支えする重要な材料になるだろう。

これまでＯＰＥＣには「原油価格はコントロールできる」という、ある種〝傲慢〟な考えが染みついていたと考えられる。

しかし、先物市場に原油先物が上場され、原油価格だけを取引する投機家やＥＴＦなどを通じて参入する機関投資家・年金基金などの買い手が大量の資金を投入することで、制御不能となり、下落だけでなく上昇も抑えきれなくなってきた。無論、これらの資金が市場から逃げ出せば、原油価格は容易に下落する。その結果がコモディティバブルであり、その後の暴落であった。

さらに、直近であれば、前述のように、シェールオイルの出現による下落基調の継続もその典型である。このように、OPECの価格コントロール機能は失われたようにも思われる。この機能を再び自らの手に取り戻したいのであれば、サウジがイニシアチブを取り、各産油国に対して産油量の調整役を再度引き受ける形で、増産抑制の合意を取り付けることが不可欠であろう。

サウジがこの方針を掲げ実行するには、イランの同意が不可欠になる。イランが産油政策で独自路線を強めていることは懸念材料ではあるが、これはむしろ石油供給面で敵対関係にある米国を頼り、ある程度の生産抑制を促すべきであろう。

米国とイランの関係は、16年初めの経済制裁の解除以来、大きく変わりつつある。この状況をいかに上手く利用することができるかがポイントになろうが、サウジはプライドを捨てられるだろうか。実現性はきわめて低そうだが、一つのシナリオとして念頭に入れておきたい。

OPEC非公式会合での合意の現実味

OPECは9月28日にアルジェリアで非公式会合を開き、生産量を日量3250万〜3300万バレルに制限することで合意した。当初合意は困難とみられていただけに、サプライズの結果となった。

OPECの9月の生産量は日量3360万バレル程度とみられており、最大で110万バレルの減産が実施されることになる。最終的には11月30日にウィーンで定例会合を開き、加盟各国の生産水準について合意を得る見通しで、非加盟の産油国にも増産抑制を求めるとしている。

今回の合意では、サウジアラビアが態度を大幅に軟化させた。サウジは「主要産油国が足並みをそろえるまで減産は行なわない」としてきたが、苦しい財政状況の改善を優先させたとみられている。サウジはこれまで、米国のシェールオイルを標的として増産方針を継続してきたが、結果的に原油価格を押し下げただけで、自国の収入増にはつながらず、財政も悪化した。また同国の株価指数が年初来の安値圏で推移し、同国通貨リアル売りも下落、さらにCDSが上昇するなど、厳しい状況にあった。

もっとも、米国ではいわゆる「9・11」(2011年の同時多発テロ)にサウジ人が関係していたことから、サウジに賠償金を求める法案が議会で通過し、この支払いへの懸念から、同国による100億ドルの起債が遅延するとの見方も浮上していた。そのうえ、サウジの16年4

〜6月期のGDP伸び率は前年同期比1・4%と、13年1〜3月の0・3%以来の低水準になるなど、低迷している（前期は1・5%）。さらに、石油部門が1・6%増と、前期の5・1%増から急減速している。

このように、経済面の厳しさも鮮明である。今回の合意内容については、実際の減産幅や各国の割り当ては決まっておらず、実効性には疑問も残る。ロシアなどが今回の合意に最終的に追随するかも不透明で、このような枠組みが機能するかについては楽観できない。

いずれにしても、石油需給のカギはサウジが握っている。同国の産油政策の動向には今後も注目せざるを得ない。

現物需給の分析だけでコモディティの価格予測はできない

いうまでもなく、コモディティ価格の決定要素の多くを占めるのが、需給関係である。ところが、昨今では価格のみを取引する市場参加者が増えており、投資・投機マネーの動きが価格動向に与える影響は格段に大きくなっている。

そのため、「現物需給の分析だけで、価格予測はできない」のが現実である。コモディティは現物市場が主であり、先物市場が従であるという関係は、今後も変わらないだろう。しかし、現実には需給分析だけで価格の方向性がわかるほど、簡単なものではない。

たとえば、需給バランスをもとにした価格との相関や、需要全体の伸びや新興国の需要の伸び、OECD諸国の石油在庫など、さまざまな要素を価格と比較して、現在の需給状況における原油の適正レベルを計算しようとしても、あるときは上手くいっても、そのやり方は即座に陳腐化する。また生産コストを基準にするのもあまり意味がない。各産油国でかなり異なるからである。

一方、主要産油国の財政均衡水準の原油価格が注目されることがある。しかし、これも単年度の計算であり、原油安によりその年が財政赤字になったからといって、原油価格が底打ちするわけではない。

また最近では、米国のシェールオイルのコストについても注目が高まっている。新規増産の生産コストがどの程度なのか。市場がこれを話題にしているうちは、一定のベンチマークにはなるだろう。

だが、生産コストは坑井ごとに異なり、明確に示すのは簡単ではない。このような状況であるため、需給関連の要因から分析せざるを得ないアナリスト泣かせとなるわけである。

現在ではこれらの需給材料だけでなく、先物市場や投資家動向、さらには価格変動パターンなども含め、総合的に分析することが肝要である。

それでも、的確な見通しができることはほとんどない。また、最近では先物市場の動向が価

米国の産油量とWTI原油

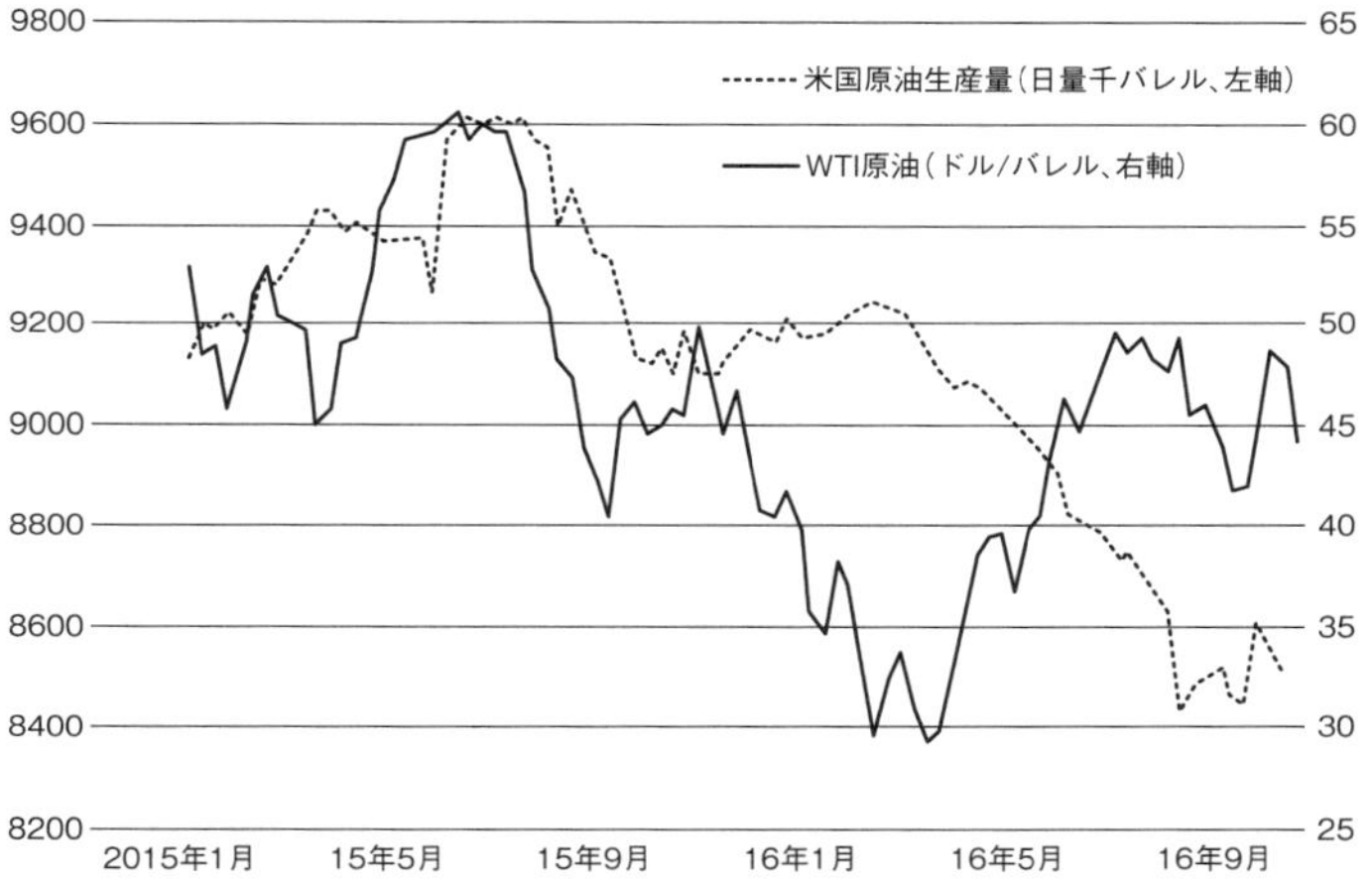

米国内の石油掘削リグ稼働数とWTI原油

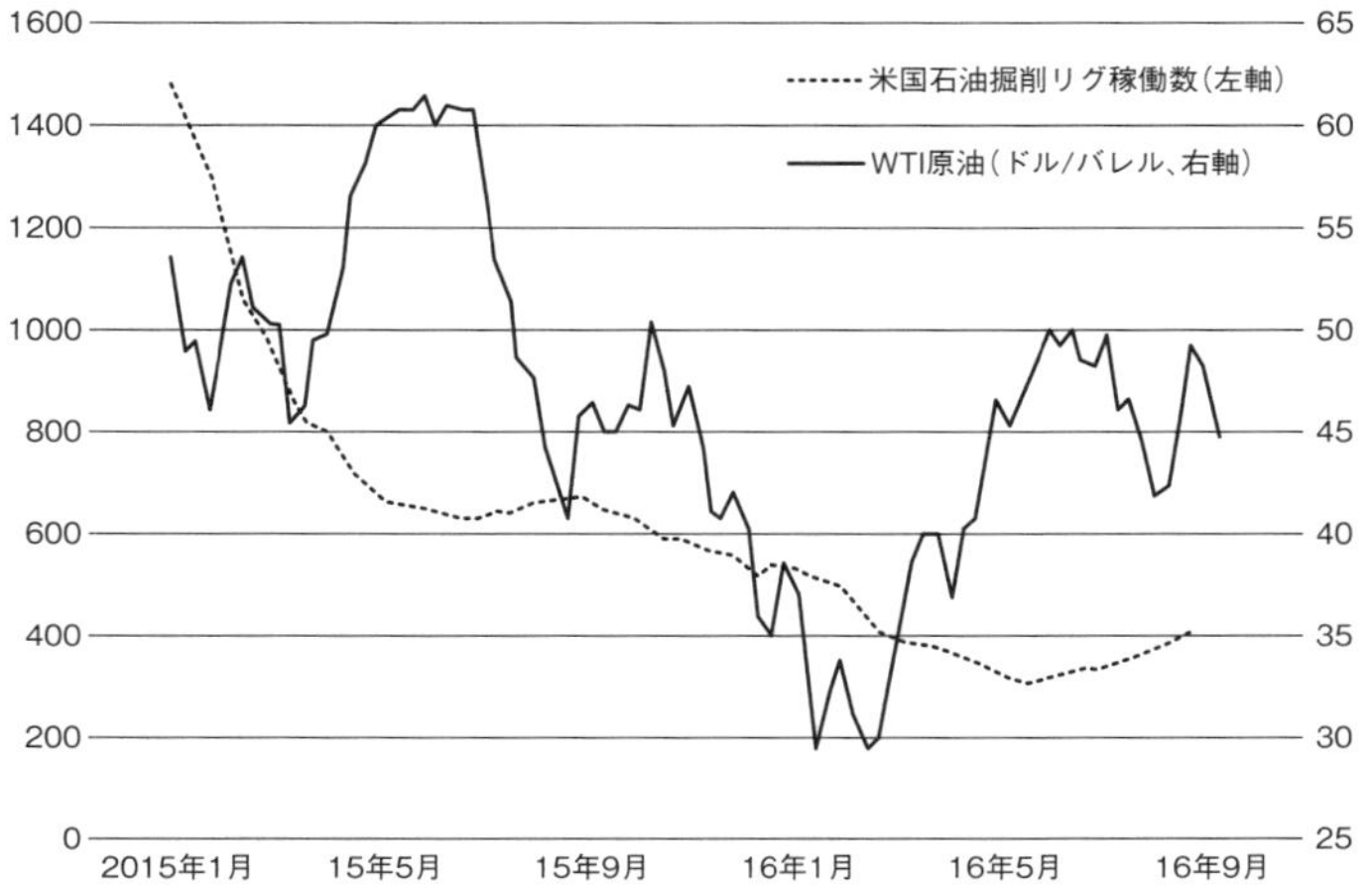

格により大きな影響を与えている。

需給動向を無視することはできないが、むしろ価格動向にウェイトを置きながら市場動向を見ていくほうが、現実的であるようにさえ感じる。

生産者と投機筋が原油価格を決めている

このように考えると、「原油価格は誰が決めているのか」という疑問に行き着くだろう。

原油などのコモディティ市場には、現物業者（生産者、需要家、トレーダー）やディーラー、ヘッジファンドなどの投機家、ETFなどの金融商品を通して値上がり益を狙う投資家（機関投資家、年金基金、大学基金など）がいる。

それぞれの思惑で市場に参加し、それらの思惑がぶつかるところで価格は決まるわけだが、どのレベルで決まるか、その水準が適正なのか、その後の方向性はどうなのかなど、先を読むことはかなり難しい。

短期的な価格の方向性を決めていると思われる投機筋の、WTI原油先物市場でのポジション動向をみても、彼らの大半が上手くいっていないのではないかと感じるほどである。

彼らは、基本的にはWTI原油の上げ・下げを収益化することを狙っているものと思われるが、その場合にはポジションを取るタイミングが収益獲得の可能性を決めることになる。そのタイミングはさまざまな方法で図っているのだろうが、その多くはチャートあるいは値動きを判断材料にしている可能性が高い。そのため、価格が動き出すと、一方向に動きやすい。

先物市場にはこのような性質があることは、あらかじめ理解しておく必要があるだろう。生産者や需要家は、これらの短期的な動きに一喜一憂せざるを得ないのだが、このような動きが結果的に原油価格の水準や方向性を決めているのだから、それを受け入れざるを得ない。

彼らにとっては、忸怩たる思いもあるだろうが、これが現実である。

一方、現物を扱う原油・石油製品トレーダーなどは、このような価格変動そのもの（フラット・プライス）のリスクをあまり考慮しない。というのも、価格そのものの変動を収益化するにはリスクが高いこともあるが、製品ごとに担当が分割されていることも背景にある。

そのため、原油と石油製品の価格差や、現物と先物・ペーパー価格、限月間の価格差（スプレッド）などを収益源泉としている場合が多い。そのため、彼らは間接的に市場価格に影響を与えているものの、どちらかといえばむしろ市場から影響を受けている側であるともいえる。

原油価格を決めているのは、やはり生産者であり、投機筋である。

上昇も下落も行き過ぎる傾向が強いコモディティ相場

コモディティは現物市場が主体である。現物がなくなれば、価格は青天井である。この点は、現状の原油市場でもやはり変わらない。

生産者が供給を絞れば、需要がなくなる水準にまで急騰する。または、代替原料が登場するまで、あるいは実際に代替品価格がその原料の価格に追いつくまで、理論上は上げ続けることになる。原油の場合も基本的にそうである。価格を押し上げる要因はさまざまだが、最終的には実需が伴わない価格上昇には継続性がない。

これは、2008年7月にWTI原油が1バレル＝147ドルまで上昇したものの、それ以上の価格にならなかったことからもわかる。

つまり、「非現実的な価格水準」になれば、当然ではあるが実需は減退し、価格は必然的に下落に転じる。そして、需要が戻ってくる水準まで下げ続けることになる。

ただし、コモディティの場合には、上昇も下落も行き過ぎる傾向がある。いったん上げ始めると、とことんまで上昇する。そして、歴史的大相場のような上げ方になると、その後の調整もきわめて大きくなる。

2008年のときの急騰と暴落局面では、筆者は150ドル近辺までの上昇を想定していたが、調整後の安値は60ドル程度とみていた。しかし、実際には32ドルまで下落した。

いったん下落し始めるととことんまで下落するのがコモディティの特徴でもある。このような展開になると、先を読むのはきわめて難しくなる。
また、2008年までの原油急騰場面では、コモディティ市場に大量の投資資金が流入していたことを忘れてはならない。

2000年のITバブル崩壊以降、金融市場は疲弊し、金利は大きく低下した。そのため、投資家は新たな投資先を見つける必要に迫られていた。このころを境に、市場では新興国に着目する動きが強まっていた。今後の成長性が見込まれることから、コモディティ需要も増加し、価格も上がるだろうという見込みが立てられたわけである。

同時に、これを新たなビジネスチャンスに変えるため、大手投資銀行はコモディティ指数に連動するファンドを創設し、積極的に投資家に販売し始めた。この結果、これまでコモディティ市場に存在しなかった大量の投資資金が流入し、コモディティ価格全般が大きく押し上げられたわけである。

もちろん、需要の増加による需給逼迫なども価格上昇の背景にあったのだが、それ以上に投資資金の流入の影響は大きかった。

しかし、前述のように、需要が減退するほどの水準にまで原油価格が上昇するなど、明らかに過熱し、その後の暴落につながったわけである。リーマン・ショックはあくまで下げ過程で起きた一つの事象にすぎず、基本的には割高に買われすぎた反動が価格下落につながったと考えるのが妥当であろう。

その結果が、08年12月の32ドルまでの下落である。このような状況であるからこそ、現物需給だけを見ていても価格の方向性を見極めることができないわけである。

原油相場を大きく押し下げた最大の要因はドル高

これらを踏まえたうえで、原油価格について、二つだけコメントしておきたい。

一つ目は、2014年7月以降の原油価格の下落、もう一つは「50ドルの水準」についてである。

一つ目の、「2014年7月以降の原油価格の下落」の背景には、前述のように米国のシェールオイルの増産があったことは間違いのないところであろう。しかし、それだけで100ドル超の原油価格が26ドルまで下げることはないだろう。

筆者は、ドル高基調が原油価格の下落の多くの部分を占めたのではないかと考えている。当時の市場では、それまで横ばいで推移していたユーロが、7月には入って急に下げに転じ始めた。

原油価格はドル建てで取引されるため、ドルが上昇すると原油価格は下がるというのが一般

WTI原油とユーロドル

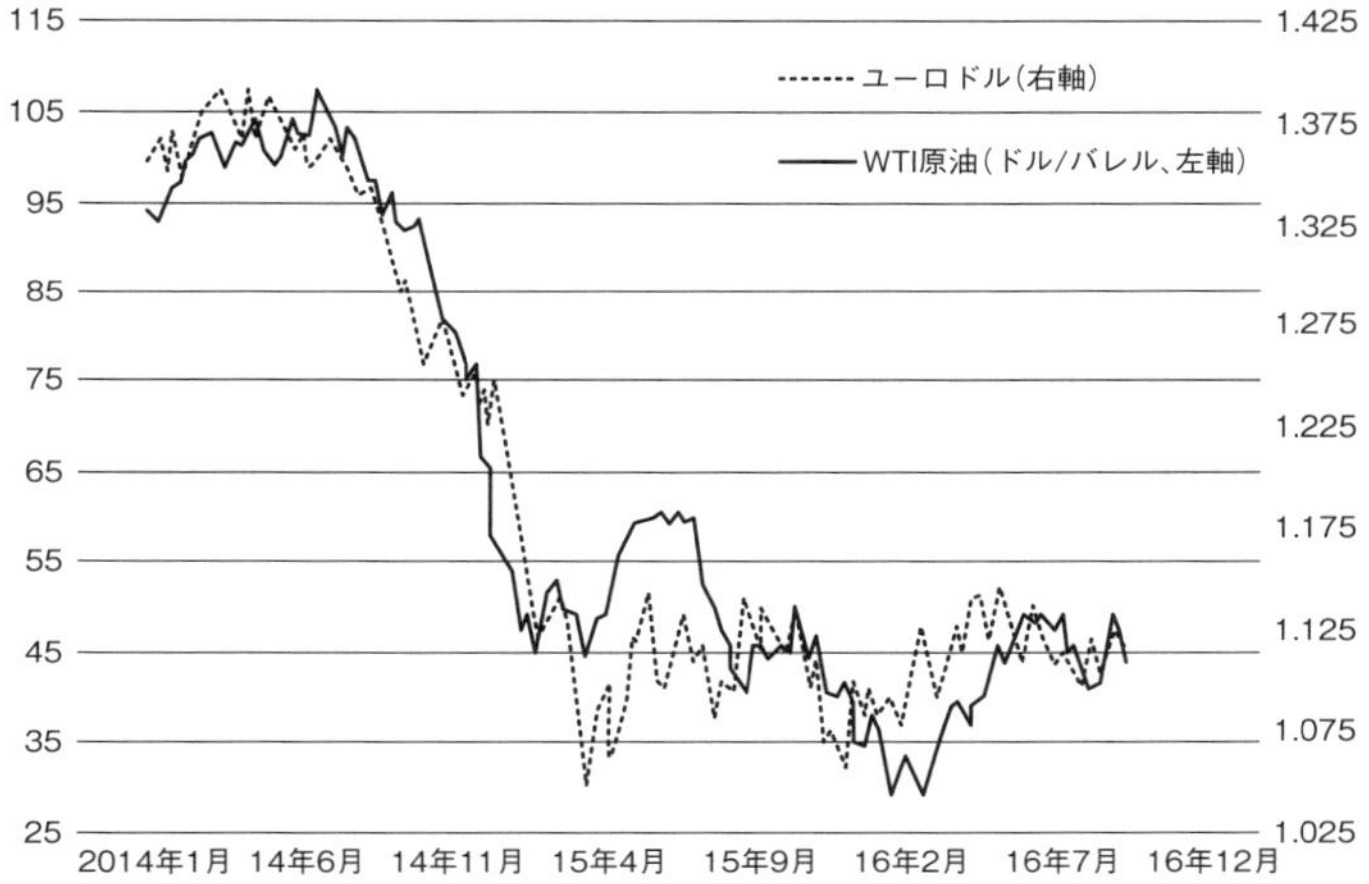

的である。ユーロが対ドルで下げる動きを鮮明にしたことで、ドル高基調が原油価格を押し下げることになったわけである。

この関係は、原油価格が先に下落するケースや、ドルの上昇が先行するケースなど、途中まちまちの期間もあったが、概ねドル高が原油相場を押し下げたことは、二つの相場を比較すれば容易に理解できる。当時はこの点を指摘する関係者は、筆者以外にほとんどいなかった。

事実、米国がドル安政策に転換した2016年に入ってから、しばらくして原油価格は底打ちし、反転し始めている。今後も米国はドル安政策を継続する可能性が高いことは、第1章でも解説した通りである。

ドル指数が7年程度の下落に向かうのであれば、ドル建て原油価格は当面の間、ドルの下落によって支えられると考えられる。そのため、需給関係が少しでも改善すれば、原油価格が再び100ドルを試す可能性は十分にあるだろう。

シェールオイルの損益分岐点はいくらなのか？

二つ目は「50ドルの水準」についてである。これは、米国のシェールオイルの生産コストの問題でもある。

当初、シェールオイルの生産コストは80ドル程度ではないかといわれていた。しかし、この水準で原油価格が下げ止まらなかったことで、この見方は一蹴された。

すると、60ドルで下げ止まったとき、市場では「60ドルがシェールオイルの損益分岐点である」との見方が広がった。

筆者は、過去の原油価格が40ドルと80ドルが節目になっており、その半値である60ドルも過去には重要なポイントになっていたことを知っていたため、この60ドルという水準は原油価格にとって、重要なポイントになると考えていた。

しかし、16年前半の戻り局面では、60ドルよりもはるか下の水準である50ドルで上値を打たれ、再び下値を試す動きになったのである。そのため、「シェールオイルにとっては、50ドルがマジックナンバー」との見方が強まったのである。

この50ドルの水準が、この後も重要なポイントとして機能し続けるのだろうか？

これは、今後のマーケットを見ていくうえで、非常に重要な命題になろう。一部には、新規生産には60ドルは必要との見方もある。実際にそうなのかは、目先の価格動向と需給動向を確認し続けるしかない。その意味でも、米国内の石油掘削リグ稼働数の動きと産油量・在庫動向を丹念に見ていくことになる。

幸い、これらのデータは毎週確認できるため、速報性がある。もちろん、ほとんどの市場参加者がこのデータを見たうえで、今後の価格見通しを立てて市場に参加してくるため、短期的な材料としては即座に織り込まれる傾向がある。

しかし、これらのデータを中長期的に捉える場合には、それぞれの見方に大きな違いが出てくることになる。これらの動向に加え、ドル指数あるいはユーロドルの動きもみながら、日々の市場環境を積み上げていくことで、中長期的な方向性をつかむようにしたい。

コモディティには明確なフェアバリューがない

ところで実際の原油への投資については、どのように考えればよいのだろうか。

２０１５年から16年にかけて、投資家から受けた質問のなかでもっとも多かったのが、「原油ETFを保有しているのですが、どうすればよいでしょうか」というものであった。投資家によると、2014年半ば以降の原油価格の下落基調のなかで、買い下がったという。当時は100ドルから下落し、80ドル、70ドル、60ドルと順調に価格が下落する流れにあった。

このような展開では、いったん100ドルという高い水準をみていると、どうしても安く見えてしまう。まして、60ドルという水準は、高値から4割も下げている。投資家心理とすれば「割安」と判断して買いたくなるのも理解できなくはない。

しかし、この考え方は、残念ながらまったく間違っている。そもそも、安く見えるというのは、あくまでその前につけていた価格との比較である。

また、「割安」というが、その判断基準は何か。問われてみると、明確に答えることはできないだろう。それもそうである。あくまで「値ごろ感」で買っただけだからである。

しかし、ここは非常に重要なポイントであり、しっかりと理解しておく必要がある。原油などのコモディティには、明確なフェアバリュー（理論値、適正値）がないからだ。

第5章の金の生産コストのところでも解説したように、生産コスト自体が完全な底値になるわけではない。したがって、生産コストと想定される水準で買えば、必ず利益になるわけではない。また、生産者ごとにコストも違う。

実際に市場で出回っているコストも正しいのかといわれると、やや不安な部分もある。

NYMEX・WTI原油先物における投機筋のポジション動向

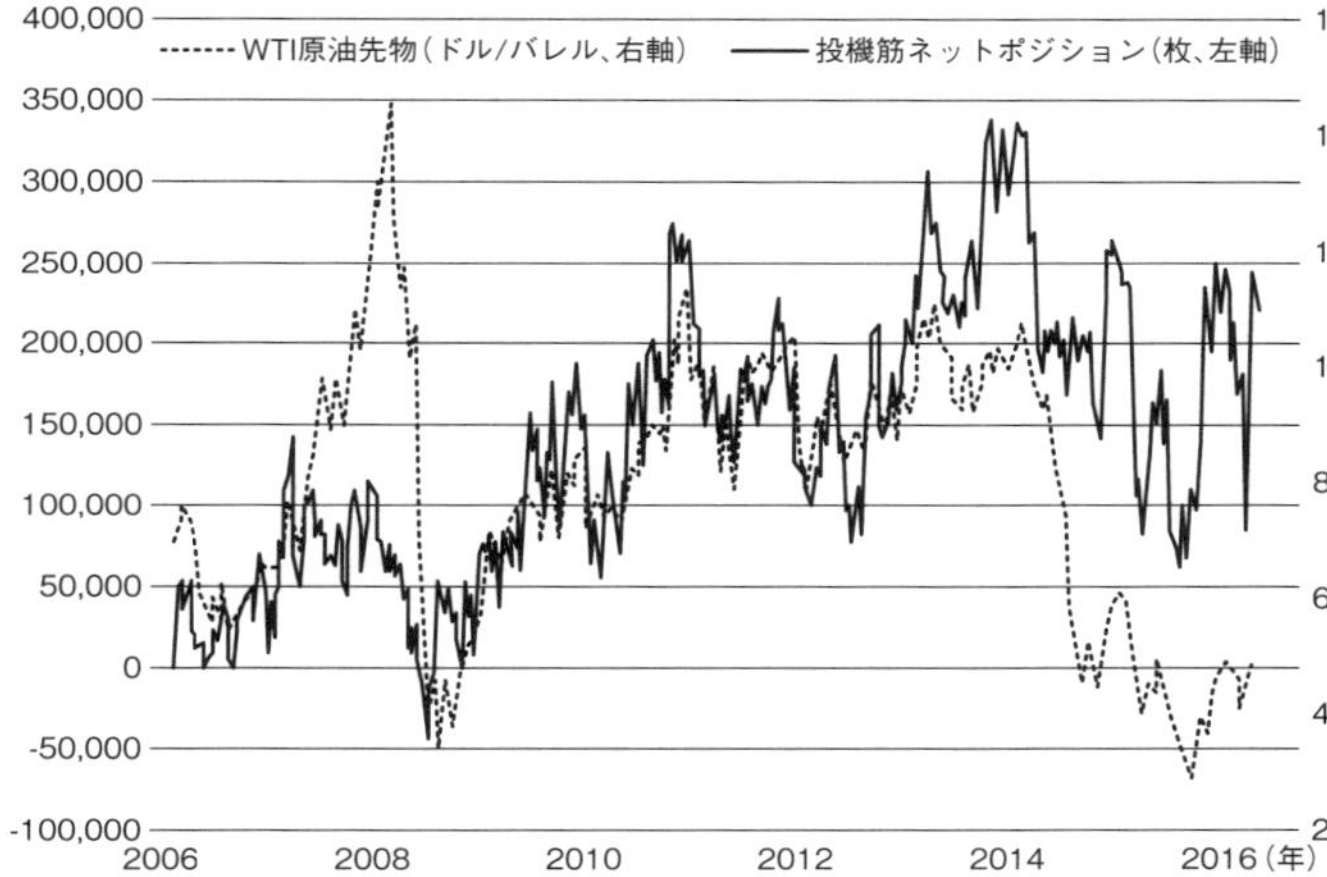

したがって、市場のコンセンサスを確認しながら、生産コストの水準を意識しながら底値を探ることになる。

一方、上値についても、必ずこの水準までで止まるという水準は存在しない。繰り返しだが、需給逼迫を背景に価格が上昇した場合には、需要が減退する水準にまで上昇するというのが一般的な考え方である。

もちろん、投機マネーの流入で押し上げられた場合も基本的に考え方は同じである。これは2008年にもみられたパターンである。「割高」「割安」との判断がきわめて難しいのがコモディティの特徴であり、原油もその通りである。

したがって、下げ基調の中を買い下がり、上昇基調にある中を空売りし続けることは、きわめて危険ということになる。CTA（Commodity Trade Advisor＝商品投資顧問）やマネージド・フューチャーズ（Managed Futures）と呼ばれる投資戦略がいまだにトレンドフォロー（順張り）を中心とした戦略を継続し、その結果、市場で生き残っているのかを考えるとよい。

つまり、価格の方向についていくほうが、収益が上がる、あるいは損失を出しづらい可能性が高いということになる。

特に原油はトレンドが出ると、短期間で大きく動くケースが少なくない。値動きのトレンドが出やすいコモディティでは、単純に価格が安いからといって買えば、その後の急落で痛手を被るだけである。

このように考えると、原油の買い下がりはきわめて危険であり、できるだけ避けるべきであろう。株式投資では、割安と思われる水準で買い、長期的に保有すれば、収益が上がるケースが少なくない。しかし、コモディティを裏付けとしたＥＴＦを株式と同じような発想で投資するのは避けるべきなのだ。

株式投資に比べて劣後しているコモディティ投資

原油に限らず、コモディティ投資には目に見えないコストがかかる。これは実は、投資対象として決定的に〝不利〟なポイントである。

第5章でも解説したように、コモディティ投資は、間接的に現物に投資することを意味する。しかし、現実的に金融機関や個人投資家などが投資できるコモディティの現物は、金などの貴金属に限られるだろう。原油をタンクで保管したり、農産物を大規模なサイロで保管することは現実的ではない。

しかし、証券化すれば、どのようなものにも投資できる。だが、それはあくまで疑似的に投資することに過ぎない。その疑似的な投資の際には、一般的には先物市場を利用することになる。表面上はETFや投資信託などの金融商品の形だが、その裏では運用会社が先物市場で取引を行い、資産に見合ったポジションを持つのが普通である。

こうするのは、いうまでもなく現物そのものを金融機関である運用会社が所有することができないからである。したがって、先物市場でポジションを持つことにより、現物に投資しているのと同じ成果を上げようとするわけである。

しかし、ここで問題が起きる。先物市場で取引されている価格には、現物を保有した場合の〝コスト〟が乗っている。通常、コモディティを所有するには、倉庫の保管料、現物に対する保険料、そして現物を売却するまでの金利コストがかかる。これらのコストが先物価格に反映されることになる。つまり、取引限月が近い価格よりも、期先の限月のほうが価格は高くなるのが普通である。

実際の運用では、先物市場で買いポジションを持ち、最終取引日が来ると、先の限月にポジションを乗り換えるのだが（これをロールオーバーと呼ぶが）、これを繰り返すと、「安く売り、高く買う」という行為を続けることになり、結果的に保有する資産価格は減少することになる。つまり、目に見えないコストを払い続けることになるわけだ。

これは現物を長期間保有しているときにかかるコストと基本的には同じである。ごくまれに、期先価格が期近価格よりも安い場合があるが、これはまれである（現物が逼迫しているときに起きることが多い）。

原油市場の場合には、期先価格が期近価格よりも高いケースが多いため、原油ＥＴＦなどで運用すれば、現物価格がまったく変わらなかったとしても、通常は毎月のように資産は劣化することになる。もっとも、原油価格そのものが大きく上昇すれば、これらのコストは十分に吸収できる。このように、コモディティ投資には目に見えないコストがかかるのだが、株式を保有する際にかかるのは「金利コスト」だけである。

この点からも、コモディティ投資は株式などへの投資に比べて〝劣後〟している。このような特徴があることを、筆者のようなコモディティ業界出身の人間は常識として知っているわけだが、金融機関がコモディティ市場に参入し、ＥＴＦなどの金融商品を設定し始めたときには、これらのコストの認識がなかった。そのため、資産価格が劣化していくのが理解できなかった。これは投資家も同じであった。

コモディティにはこのようなコストが存在することをよく理解したうえで、コモディティ投資を検討すべきである。このような解説をすると、コモディティ投資を避ける向きもあるだろう。

しかし、それではあまりにもったいない。

個別株のように2倍や3倍にはならないかもしれないが、価格上昇の際には十分にリターンが見込めるだろう。このようなポイントは、原油市場そのものの本質からは離れているが、原油への投資という観点からは、むしろ本質の部分である。これらから、原油はできれば先物あるいはＣＦＤなどを利用しながら、下げ相場で売りもできるツールを使用するのがよいだろう。

もちろん、ＥＴＦについても取引の考え方を間違えなければ、投資対象としては十分に機能する。また下落したときに利益が出るベア型の商品もある。これらを上手く使いながら、上昇・下落を上手くとっていくことが肝要である。

原油市場についての考え方

- 原油市場は堅調に推移する
- 世界の石油需要は増加傾向を続けるため、石油需給は徐々に逼迫に向かう
- サウジが重要な役割、原油価格のコントロールのため、産油国をまとめる必要
- 米国シェールオイルの増産余地は長期的には大きくない
- ドル安傾向がドル建て原油価格を支える
- 今後５年以内に１００ドルを回復する可能性は十分にある

第7章

「グローバルマクロ戦略」のすすめ

ヘッジファンドより不健全な日銀によるETFの買い入れ

世界の市場は、さまざまな投資主体がそれぞれの考えをもって市場に参加し、ポジションを持つことで価格が形成される。多様な考えがあることが価格変動につながるわけだが、それぞれの投資判断の背景には必ず何かしらの投資戦略が存在する。

市場に大きな影響を与えるヘッジファンドも多様な運用手法・投資戦略を持ち合わせており、ファンドごとにその戦略が異なる。それぞれのファンドの思惑や投資手法の違いが価格に影響を与え、市場が変動することになる。

また、その変動が別のファンドの戦略により、逆の方向に修正されることもある。このように市場は非常に複雑であり、それらの市場に適した投資戦略を見出すのは難しい作業である。

ヘッジファンドは多様な投資戦略を保有している。しかし、各ファンドの投資戦略は一つだけというケースが多い。というのも、ファンドは「このような投資戦略で運用します」といった形で、ファンドの設立時にあらかじめ投資戦略を決めたうえで資金を集め、運用を開始するのが普通だからである。

したがって、それぞれの戦略が市場環境に適しているかどうかが、それぞれの時代に適したファンドあるいは投資戦略ということになる。逆にいえば、そのときどきの市場環境に適した投資戦略にて運用を行うことを前提にファンドは設立されるケースが多いともいえる。

ヘッジファンドは、日本ではどちらかといえばあまりよいイメージがない。「株価を売り崩す存在」、「弱っている企業の株式を安値で買い叩き、のちに高値で売り抜ける」など、悪いイメージが先行しているようである。

実際、日経平均株価が下げるときや、急速に円高が進むとき、その原因をヘッジファンドに求めるケースは少なくない。確かに、これらの動きの背景には、彼らの売りがあるだろう。しかし、彼らも意図的に市場を崩して収益を上げようとしているわけではない（そのようなファンドもあるだろうが、すべてではない）。

ショートするのは相応のリスクがあり、彼らは命懸けで売りを仕掛けている。まして、彼らが売れば、必ず下がるわけでもない。この点は日本の投資家も十分に理解しておく必要がある。

筆者からすれば、日銀によるＥＴＦの買い入れのほうが、よほど不健全である。これは、賢明かつ常識的なグローバル投資家の共通認識であろう。

市場が向かうべき方向に賭けてくるヘッジファンド

ひとくちにヘッジファンドといっても、さまざまな投資戦略があり、その詳細を理解すれば、彼らの存在がいかに市場にとって重要かがわかるだろう。

というのも、彼らの戦略のなかには、市場のゆがみを修正してくれる機能を果たしているものもあり、すべてが悪役というわけではないからである。割安な株を買って株価を引き上げてくれる場合もあれば、そのままにしていればつぶれてしまう企業を、そのなかにある価値を見出して買収してくれるファンドもある。

これらのファンドの運用戦略のすべてが否定されるのは、まったくの理解不足である。「ヘッジファンドがいなければ、株価はもっと高いはずだ」「ヘッジファンドの仕掛けがなければ、ドル円は100円までの円高にはならなかった」などの暴論を耳にすることも少なくない。

しかし、世界の金融市場に出て、生の市場を覗いてみれば、これらの発言はいかに恥ずかしいものであり、自身が無知であるかを思い知らされるだろう。

彼らは、市場が向かうべき〝方向〟に素直に賭けているだけであり、それも多大なリスクを取って賭けている。不平・不満を言われる筋合いのものではないはずである。

そのように感じるのであれば、買い向かえばよい。しかし、それは市場の真のコンセンサスではない。だからこそ、円高になり、株安になるのである。希望や期待を叫ぶ前に、冷静に市場動向を分析し、それを行動に移すべきである。それが正しい投資行動であろう。

主要なヘッジファンド戦略の概要

ヘッジファンドの運用戦略の数は非常に多く、すべてを理解するのは難しいかもしれない。しかし、その概要だけでもぜひつかんでいただきたい。ちなみに、これらの戦略のなかでも、筆者が個人投資家に最も適していると考えているのが「グローバルマクロ戦略」である。その理由を説明する前に、まずは主要なヘッジファンド戦略の概要を次ページの表で説明したい。

表のように、投資戦略にはさまざまな種類がある。また、それぞれの市場環境において、向いている戦略が異なることが多い。

ヘッジファンドに投資する投資家は、市場環境に合わせてどの戦略がよいのか。どのような戦略を行っているヘッジファンドがよいのかを選定し、投資判断を行うことになる。

次ページ表のような戦略を行うヘッジファンドの成績は安定しているようにみえる。データ上は少なくともそう見える。しかし、これらのデータには、現存するファンドのデータしか反映されていない。

つまり、損失が発生して解散したファンドや、運用成績が不振で投資家の資金が流出したファンドの成績は入っていない。したがって、良い数値になるのは〝当たり前〟である。つぶれ

ヘッジファンドの主要な戦略

Arbitrage (アービトラージ＝裁定取引戦略)	実際の価格が適正価格と異なる場合、価格が適正価格あるいは長期的な平均的水準に回帰する過程で収益を得る戦略。限月間、市場間、銘柄間などを利用する。
CTA/Managed Futures (CTA/マネージドフューチャーズ戦略)	先物市場を利用して、レバレッジを掛けて市場の方向性などに賭ける戦略。システム的な投資判断をするところが多い。またトレード手法はトレンドフォローが多い。CTAはCommodity Trade Advisor＝商品投資顧問の略だが、現在はコモディティ先物に特化したCTAはほとんどおらず、株式指数先物や国債先物、通貨先物などで投資家の資金を一元化して運用するケースが多い。
Distressed Debt (ディスティレスト戦略)	イベントドリブン戦略の一種で、破たん企業や財務内容が悪化した企業の発行する債権を割安な価格で購入し、その企業の信用力が回復する過程で値上りした債権を売り抜く戦略。通常のヘッジファンド戦略と比べて投下資本の回収期間が長く、流動性が低い。ただし、戦略が奏功した場合には収益率は大きくなりやすい。
Event Driven (イベントドリブン戦略)	個別企業の重要な出来事（イベント）を利用して収益を得る戦略。
Fixed Income (債券戦略)	国債や個別企業の社債など債券を対象とした戦略。基本はロング（買い持ち）戦略になる。国債先物を利用することもある。
Long Short Equities (株式ロングショート戦略)	株式のロングとショートを合わせて運用する戦略。例えば、同じセクターの割安な株式をロングし、同じセクターの別の割高な株式をショートする。ロングとショートのポジションを同程度保有することで、市場変動にさらされているエクスポージャーを相殺する戦略であることから、マーケット・ニュートラル戦略と呼ぶこともある。
Global Macro (グローバル・マクロ戦略)	世界中のあらゆる資産に投資機会を見出す戦略。マクロの予測に基づいて投資判断を行い、機動的にポジションを調整する。
Multi-Strategy (マルチ戦略)	シングルファンド（単一のファンド）において、複数の投資戦略を組み合わせて運用する戦略。Event Driven、Directional、Relative Valueなどの戦略で構成されるケースが多い。運用資産規模の大きいヘッジファンドでは、単一の戦略では分散ができないため、マルチ戦略を採用するケースが多い。
Relative Value (リラティブバリュー戦略)	ある市場（銘柄）と別の市場（銘柄）の相対的な価値の差を取引する戦略。
Commodity (コモディティ戦略)	コモディティを投資対象とした戦略。コモディティ市場において、様々な戦略を利用して運用する。
Equity Long Bias (株式ロング戦略)	ロングポジションのみで運用する投資戦略。資産の価格が上がることにより利益を得ることができる。
FX (為替・通貨戦略)	為替（通貨）を対象とした戦略。為替（通貨）市場において、様々な戦略を利用して運用する。
Trend Following (トレンドフォロー戦略)	市場に発生しているトレンド追随することによりリターンを獲得する戦略。

ヘッジファンド戦略ごとのパフォーマンス

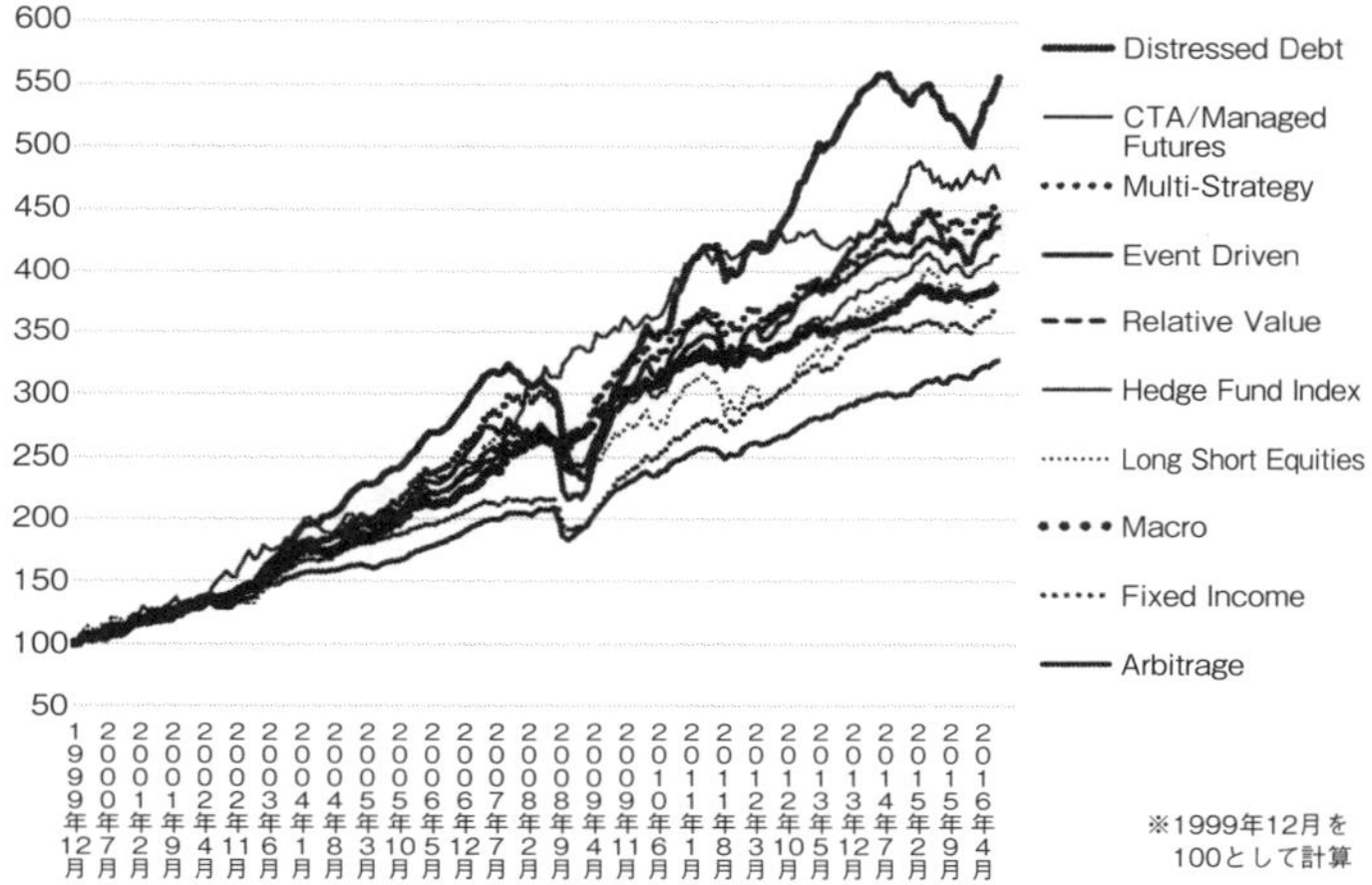

※1999年12月を100として計算

ヘッジファンド戦略ごとのパフォーマンス

	2000	2001	2002	2003	2004	2005	2006
Hedge Fund Index	25.74	(2.90)	41.73	30.48	14.71	17.74	24.19
Arbitrage	16.43	9.97	8.14	11.19	5.42	3.93	11.50
CTA/Managed Futures	21.24	9.82	21.44	17.13	7.46	8.59	10.58
Distressed Debt	11.42	16.39	6.77	33.78	20.07	11.40	16.81
Event Driven	12.74	15.66	2.87	24.08	14.76	10.81	17.86
Fixed Income	10.92	14.72	10.19	15.99	9.16	6.34	8.45
Long Short Equities	19.39	9.65	0.95	23.70	10.98	13.79	15.19
Macro	14.79	10.84	11.14	21.37	6.67	10.56	10.20
Multi-Strategy Hedge	15.47	12.79	10.68	21.78	12.57	11.82	17.03
Relative Value	16.83	13.22	9.39	22.68	8.77	6.86	13.00

	2007	2008	2009	2010	2011	2012	2013	2014	2015	2016
Hedge Fund Index	19.17	(7.42)	17.86	16.87	(1.53)	(0.57)	(6.00)	3.65	(4.81)	10.77
Arbitrage	8.56	(9.38)	24.15	9.04	1.12	7.31	7.42	2.88	5.03	3.76
CTA/Managed Futures	15.06	19.45	6.65	13.47	2.26	2.59	0.50	9.54	(0.48)	1.81
Distressed Debt	9.83	(25.21)	35.84	22.94	1.06	14.44	15.90	1.25	(4.26)	7.86
Event Driven	10.08	(20.96)	39.99	15.35	(4.67)	10.44	13.46	2.19	(1.46)	5.73
Fixed Income	5.03	(11.05)	24.14	12.75	4.18	11.53	8.77	3.81	1.00	4.57
Long Short Equities	14.55	(19.24)	25.85	10.81	(5.93)	8.52	16.03	3.70	3.06	1.69
Macro	14.49	3.45	14.87	7.69	0.29	4.50	4.49	4.75	1.56	0.83
Multi-Strategy Hedge	15.30	(9.50)	20.94	9.58	(1.36)	7.94	7.53	5.02	2.24	2.87
Relative Value	12.55	(7.64)	23.25	12.07	0.51	10.46	7.07	4.01	1.33	4.16

※(%)はマイナスの運用年、2016年は8月まで

てしまったファンドの成績を加味すれば、かなり悲惨な結果になっているはずである。このように、ヘッジファンドの運用成績には、いわゆる「生存者バイアス」が掛かっている点には注意が必要である。

グローバルマクロ戦略の本質とジョージ・ソロス

上記のように、数多くの運用戦略の中で、著名ヘッジファンドが得意とするのが「グローバルマクロ戦略」である。

世界のヘッジファンド業界では、「グローバルマクロ戦略」は運用戦略の「王道」と呼ばれている。著名ヘッジファンドマネージャーであるジョージ・ソロス氏が得意としている戦略でもある。

ソロス氏といえば、1992年のポンド暴落時において、主導的な立場にあった。ソロス氏は、1992年にEMS（欧州通貨制度）と呼ばれる、各国の通貨を一定のレンジのなかに収める合意が危機に瀕したとき、英ポンドを大量に空売りし、巨額の利益を上げ、「イングランド銀行を倒産させた男」として有名になった。

ソロス氏は多量の資金をつぎ込んで、ポンドを売り崩したと思われている。一面ではそれは正しいだろう。しかし、ソロス氏がポンドは本質的に〝下落〟する運命にあることを見抜き、売りを仕掛けたというのが正しい表現であろう。

欧州が一つになることを目指すマーストリヒト条約がデンマークの国民投票で否決され、その直後に予定されていたフランスでの同様の国民投票の行方が不透明だったことから、この混乱に乗じてポンドを空売りしたのである。また、ポンド自体が割高にあるとの結論に至ったことも、ポンド売りを仕掛けるきっかけになったと言われている。

結果的に、「ポンドは下落する運命にある」という本質を見抜く力が他者よりもすぐれていたことが、彼を成功に導いたわけである。

そのソロス氏は、長い期間、運用から離れていたが、２０１６年に入って再び市場に戻ってきた。ソロス氏は１９６９年に自己資金25万ドルでヘッジファンドを組成し、運用を開始。２０１１年にリタイアした。その時点での個人資産は２４５億ドルだったと言われている。

そのソロス氏の運用スタイルこそが、グローバルマクロと呼ばれる投資戦略である。グローバルマクロ戦略では、株式、債券、為替、コモディティなど、あらゆる資産を投資対象とする。

特に「割安株を買う」とか「成長株を買う」というルールに縛られることなく、主にマクロ経済の基礎的要件の〝歪み〟に焦点を当てたうえで、投資判断を行う。そして、その歪みが是正されるとき、市場は大きく動くため、その動きをとらえて投資することになる。ソロス自身の言葉を借りると、「ゲームのルールが変わるときを捉えてトレードする」ことになる。

このように、ある市場の歪みやあるべき姿＝価値を見抜き、それを利用して収益を上げるのがグローバルマクロ戦略の本質である。

上がるべき市場を買い、下げるべき市場を売る。グローバルマクロ戦略では、あらゆる投資対象市場に目を配り、投資機会を探しながら収益の獲得を狙う。また、市場価格の上昇・下落に関係なく、価格の変動が見込まれれば、それにベットする（賭ける）。ボラティリティが高いほど収益が見込まれるため、投資機会があれば果敢に攻める。これがグローバルマクロ戦略の本質である。

世界情勢が不透明ななか、為替や株式、金利、コモディティなど主要市場の価格変動は一段と大きくなっている。そのため、それぞれの市場の予測がきわめて困難になっている。

このような市場環境では、マクロ的な見地からより幅広い市場で運用を行う「グローバルマクロ戦略」が有利と考えられる。

グローバルマクロ戦略では、ダウ平均株価や日経平均株価などの主要株価指数、米国債などの主要国債市場、ドル円、ユーロドルなどの通貨市場、金や原油などのコモディティ市場が主戦場となるが、これらは、投資家であれば誰もが見ている「指標」でもある。

規模の大きい市場での運用を前提とするグローバルマクロ戦略

多くの個人投資家の投資戦略は、個別株への投資が中心的であろう。個々の企業の株価動向を上手く捉えることができれば、収益を上げることは十分に可能だ。

しかし、投資対象を間違えると、予想もしていなかった損失を被ることも少なくない。最近では大手企業の不祥事が公表されるケースが散見される。また業績不振で上場廃止になるケースや、上場している株式市場の格下げなどの動きもみられる。個別企業には表に出ていない情報が少なくないため、いきなり悪材料にさらされるということがある。

個別株が抱える目に見えないリスクは決して小さくなく、その結果、個別株投資は相応のリスクを抱えているといえる。個別株投資には、多くの上場銘柄の中から投資対象を見つける楽しみがある一方、その対象となる銘柄数は膨大であり、掘り出しものをみつけるのは簡単な作業ではない。

一方、グローバルマクロ戦略では、世界のヘッジファンドが注目している、規模の大きい市場での運用を前提としている。それらの市場に関する情報はきわめて多く、投資判断の材料に困ることはほとんどない。

また市場参加者も多いため流動性が高く、取引するうえでも問題がない。トレードする際に

ヘッジファンドと日本の機関投資家との対比

	ヘッジファンド	機関投資家
体制	個人依存型	組織的・合議制
情報	市場の値動き・チャート・政治要因	ファンダメンタルズ（企業業績・経済指標等）
分析	市場に存在する歪み・不合理性を抽出	市場メカニズムに関する知見・知識に基づき、既知の情報を分析
戦略タイプ	仮説検証型	事実確認型
投資対象	収益確率の高い投資対象に資源を集中	分散・リスク抑制
重要ポイント	市場心理·投資家心理を突く	社内説明が可能な投資判断
投資判断頻度	随時・機動的	月に一度程度（投資判断の変更は低頻度）

懸念すべきは、市場流動性である。ポジションを保有したのはいいが、解消できないほど流動性が低い投資対象は、投資対象としてはきわめて危険である。

グローバルマクロ戦略で投資対象とする市場そのものが倒産したり、消失したりすることはない。常識的に考えれば、ダウ平均株価や日経平均株価、ドル円相場、金市場や原油市場がなくなることは、まずはないだろう。このような、「指標」ともいえる市場を中心に投資戦略を組むのが、グローバルマクロ戦略の基本である。

グローバルマクロ戦略における投資判断においては、さまざまな指標を使う。しかし、それは実はそれほど難しいものではない。

投資家であれば、誰でも見ている市場を対象とするため、情報収集が容易である。そして、それらの市場に対して、どのように感じるかが実はきわめて重要である。つまり、投資対象とする市場に対して「直感的」にどう思うか、である。

重要なことは、理詰めで考えるのではなく、感覚としておかしな動きになっていると感じた市場を調べ、その市場をまずはトレードすることである。つまり、感じたらまずは行動に移すというプロセスが重要なのである。

ある株式指数が高すぎると感じた場合、それが意外に正しいことは少なくない。その感覚をまずは大事にする。そのうえでPERや騰落レシオ、チャートなどの客観材料を調べ、それでも割高と感じた場合には、すぐに売りを仕掛けることになる。そして、その後にさらに突っ込んで調べる作業に入ることになる。

このように、ヘッジファンド運用者は、まず行動をとることが少なくない。そのうえで、実際に取ったポジションに短期間で収益が上がり始めれば、その判断は正しかったと判断するのである。そのポジションは、状況が変わったと判断できるまで、保有し続け、利益を伸ばす。

逆に、損失が出始めれば、何かが間違っていたと判断することになる。調査をするなかで、判断が間違っていたとの結論に至れば、すぐにポジションを解消する。

それまで保有していたポジションには執着しない。ここはドライに切り離すことが肝要である。

このように、まずは市場の値動きに対する感覚を非常に大事にし、そのあとでその判断が正しかったかを検証するのが重要なプロセスである。

このように書くと、「あまりに感覚的すぎて大丈夫か」との批判を受けそうである。しかし、じっくりと調べ上げたうえで投資判断を行っていては、市場環境が変わってしまうケースが少なくない。

これは日本人の悪い癖である。あらゆる情報について手を尽くして入手し、時間をかけて丹念に調べる作業もときに重要である。

しかし、市場環境がこれだけめまぐるしく変化するなかで、悠長に調べ物をしていては、市場の変化に乗り遅れるだけである。

もっとも、グローバルマクロ戦略は短期トレードを主としているわけではない。ある程度の期間、ポジションを保有して収益の拡大を目指すことを目指している。したがって、ポジション構築について一分一秒を争うものではないが、それでも判断を早く行い、できるだけ早く行動に移すことは必要である。

この反対の作業を行っているのが、日本の機関投資家や年金基金などであろう。いわゆる「サラリーマン投資家」である。

彼らは、自らの意志と責任で投資判断することを許されていない。誰もが納得する判断材料を持ち寄り、過去データと比較しながら慎重に会議を行い、最終的に投資判断を行う。いわゆる「バックミラーをみて投資判断を行う」わけである。

またそのプロセスには時間を要する。現在のように、市場環境が短期間で変わってしまう状況では、このようなのんびりとした運用では、市場の変化についていけないだろう。

重視すべきは米国と中国で、日本ではない

グローバルマクロ戦略におけるポジションを保有するかの判断するための調査では、ごく一般的なものが基本になる。

株式指数でいえばPERやPBR、騰落レシオ、市場センチメントなどがその対象になろう。またチャートを利用する場合には、トレンドや移動平均線からの乖離率なども参考にするだろう。また為替市場の動向も注視することになる。

一方、為替では金融政策や金利動向などが対象になろう。コモディティではそれぞれの市場の需給要因や他市場の動向が重要である。国債市場は金利動向や金融政策動向に大きく左右されるはずである。

しかし、実際には、これらの市場はお互いに影響を与えあっており、いまの市場では同じ方向に動くことも少なくない。そのため、その傾向を逆手にとって戦略を組むこともある。戦略の名前が「グローバルマクロ」ということだけあって、重要なポイントは世界的な市場の動きや市場を動かす材料である。つまり、国単位の市場の動きや政治および財政・金融政策の動向がポイントになる。

その場合、重視される国や市場は、残念ながら日本ではない。グローバルな視野で市場を見ている方はご承知だろうが、日本発の材料が世界の市場に大きな影響を与えることはない。最近でこそ、ドル円や日経平均の動きを利用して収益を狙うヘッジファンドは増えているが、基本的には日本市場を重視しているグローバル投資家は少ないのが現状であろう。

となると、やはり重視すべきは米国であり、中国ということになる。そこに欧州が加わることになるが、新興国の動向にも気を配る必要がある。日本だけを見ていても仕方がないのが、現在のグローバル市場の動きである。

米国については、市場自体が非常に開かれており、経済指標の発表も早い。そのため、潤沢な情報が即時に入手することができる。また世界の投資マネーが集中しており、流動性も高い。グローバル投資家で米国市場に投資していない向きはいないだろう。

だからこそ、トリッキーな値動きになることは少なく、歪みが生じればすぐに解消される市場であるといえる。もちろん、市場参加者の見方が偏れば、その修正が大きく入ることもある。近年ではその頻度が多くなり、起きる期間も短くなっており、値動きが激しくなっている印象はある。

それでも、米国市場はきわめて健全であり、投資対象として筆頭に挙げられるべき市場であることに違いない。

一方、世界の市場を震撼させることが少なくないのが中国である。

いうまでもなく、2015年の夏場には「チャイナ・ショック」と呼ばれる、中国発の金融市場の混乱がみられた。突然の人民元の切り下げがきっかけだったわけだが、この決断が世界のあらゆる市場に影響を与えたことは知られたところである。

いまの市場では、中国など、日本に関係のない市場や国から発せられる情報が市場を大きく動かしており、実際に影響も小さくない。

このように、もはや日本国内だけの状況を理解していればよいという時代ではないのである。この点からも、グローバルマクロ戦略を主たる戦略に据えていれば、普段からこれらの情報や材料について、常日頃から気にかける癖がつき、結果的にリスクが発生した際に早く対応できるようになるメリットがある。

リスクオフのポジションを大量に保有したジョージ・ソロス

グローバルマクロ戦略では、一般的な買い（ロング）だけでなく、売り（ショート）も行う。上がると考える市場があれば、それを買い、下げると思う市場があればそれを売るだけである。

そこで、グローバルマクロ戦略におけるトレード戦略の考え方を簡単に示してみよう。

わかりやすい例が、2016年初にソロス氏が行った戦略の考え方であろう。ソロス氏は2016年の初めに「世界の市場は危機に直面しており、投資家は大いに用心する必要がある」とかなり早い段階で警告を発していた。

事実、今年の1月から株価は急落した。ソロス氏が指摘したのは、中国の混乱であった。「中国は新たな成長モデルを見つけるのに苦戦しており、人民元の切り下げが問題を世界中に飛び火させている」とした。

そのうえで、「中国は調整に関して大きな問題に直面している。私に言わせれば危機と呼んでいいものだ。金融市場には深刻な難題が見られ、私は2008年の危機を思い出す」との考えを示していた。

さらに、「中国は借り入れが成長を支えており、クレジット市場の機能不全が世界的なリセッションを引き起こす前の2007-08年当時の米国経済に似ている」と主張し、中国リスクに警告を発したのであった。しかし、2016年1月から2月の株安は中国発というわけではなかった。それでも、ソロス氏は一定の収益を獲得したと報じられた。

というのも、ソロス氏は株価下落を見込んで、いわゆるリスクオフと呼ばれるポジションを大量に保有していたからであった。

ソロス氏は将来の市場崩壊のリスクを考慮し、ソロス氏が運用するファンドでは、今年の第1四半期に米国株への投資額を37％減らす一方、世界最大の産金会社であるカナダのバリック・ゴールドの株式を購入していた。

同社株はその後大きく上昇し、ソロス氏は利益確定を行っている。金鉱株への投資は、金価格と株価の上昇局面の際に収益が上がりやすいが、このタイミングの投資は、金価格の上昇と米国株の上昇が同時に起きていた時期であり、結果的にベストだったことになる。

さすがといわざるを得ない。また、同時に久しぶりに金投資を再開し、金価格連動型の上場投資信託（ＥＴＦ）である「ＳＰＤＲゴールドトラスト」の受益証券のコール・オプション（買う権利）の保有も明らかにした。

つまり、リスクオフの動きが強まり、金市場に資金が流入して金価格が上昇することを見込んだわけである。また第２四半期には、金鉱株を売却し、「ＳＰＤＲゴールドトラスト」の受益証券のコール・オプションと、Ｓ＆Ｐ５００指数のプット・オプション（売る権利）の積み増しを行ったのである。

まさに「株価下落と金価格の上昇」にベットするという、きわめて典型的なリスクオフ・ポジションを構築したわけである。

中国という世界第2位の経済大国における問題をリスクと捉え、それに対してベストなポジションの組み合わせを行うのが、グローバルマクロ戦略の基本的な考え方である。このような戦略の構築方法が、まさにこの戦略の本質である。

個人投資家でも十分に実行可能なグローバルマクロ戦略

2016年央には別の著名投資家たちも、実は同様のポジションの推奨を行っていた。米国株はきわめて割高であり、保有するリスクが大きいため、保有していた株式をすべて売却すべきとする見方を示していたのだ。

確かにPERは17倍を超え、過去平均からは割高な水準にあった。けれども、投資マネーは米国株に流入し続け、ダウ平均などの主要株価指数は連日のように過去最高値を更新していた。それでも、彼らはそのような見方を変えず、さらにソロス氏のように金への資金シフトを積極的に進めたのである。

このような結論に至るには、さぞや深い洞察と綿密な調査が不可欠と思われがちだが、実際にはそれほど複雑なことをしているわけではない。また、行っている戦略も、実は個人投資家でも可能なものが多い。

グローバルマクロ戦略は、実際には個人投資家でも十分に可能な戦略である。要は、さまざまな市場の値動きをみて、相場が動く方向あるいは動くべき方向に賭ける、それだけである。

個人投資家とヘッジファンドの違いは資金量である。ヘッジファンドは多額の資産を運用する必要があるため、市場規模が大きいほうが投資しやすい。また、市場に影響を〝与えない〟ようにする必要もあるため、指数や先物市場などの規模の大きい市場での運用を行うことになる。

投資先の分散も必要になる。また、資金の規模が大きいと、グローバルマクロ戦略に基づく投資スパンは必然的に中長期的になりやすいが、それは市場動向次第でもある。

これを個人投資家に当てはめると、ひとりでフォローできる市場の数は限られると考えられる。さらに資金量の問題もあるため、分散もそう簡単ではないかもしれない。

しかし、ポジションが小さいことや投資対象の数が少なければ、ポジションの解消も容易であり、個人投資家でも擬似的なグローバルマクロ戦略を行うことは十分に可能である。むしろ、資金量が小さいことで、ヘッジファンドよりも高いリターンを上げることも可能であろう。

著名投資家のロジックで市場動向を分析し、投資判断をする訓練を繰り返すと、必然的に市場動向に関するセオリーを理解できるようになる。

このセオリーを頭のなかで展開しながら、最終的にはチャートを見て価格水準やトレンドを確認し、投資のタイミングを図ることになる。

グローバルマクロ戦略では、まさに頭の体操をしながら、投資戦略を組むことができる点で、投資判断力を向上させてくれる効果がある。

テクニカル分析だけでも収益を上げている投資家は少なくない。一方で、市場に出ている情報を整理し、投資判断につなげていくことに面白みがあるともいえる。世界情勢に目を向け、さまざまな主要市場に目を向けて投資判断をする。さらに投資対象を分散しながら、リスク管理を行う。これがグローバルマクロ戦略の醍醐味といえるだろう。

分散しながら違う動きをする市場間でポジションを取ることが肝要

これらの戦略を個人投資家が行う場合、どのような方法がよいだろうか。

海外の先物市場で取引をする場合、ハードルはかなり高い。日本でのサービスは限られていることや、海外での口座開設も英語で行う必要があるなど、そう簡単ではない。

しかし、いまは非常に便利な方法がある。それはＣＦＤである。ＣＦＤを利用すれば、少額の資金でも十分に分散しながら投資することが可能になる。

つまり、このような取引ツールを利用すれば、個人投資家でも著名投資家と同じようにグローバルマクロ戦略によるトレードが可能になるのである。

注意したいのは、できるだけ分散しながら、ある市場と別の市場を組み合わせるなど、〝違う〟動きをする市場間でポジションを取ることもぜひ行ってほしいということである。

ソロス氏は、かなり偏った戦略を組むことが多い。

たとえば株式のショートと金のロングの組み合わせなどはその一例である。しかし、市場動向が思惑と違った場合、両方のポジションで損失が出ることが想定される。リスクを取ってポジションを取るのだから、それでもよいという考え方もある。

しかし、個人投資家にはややリスクがあるといえる。したがって、慣れるまでは、ポジションを小さくしながら、ある市場を売れば、値動きが似ている市場で反対のポジションを少しだけ持ちながら、収益を狙うのがよいだろう。

もうひとつ付け加えるとすれば、「ショートポジションでいかに収益を上げるか」を追求すべきという点である。

著名ヘッジファンドたちは、急落した際に大きく収益が出るようなポジションを取る傾向がある。下げ相場では、比較的短期間で大きな収益を上げることが可能である。彼らもこの傾向を利用して、収益を上げようとしている。

一般的な投資家は、値上がりが期待できる投資対象を買い、それを持ち続けることが多い。しかし、グローバルマクロ戦略では、ショートでの収益を狙うのがよいだろう。そのうえで、さまざまな市場でポジションを保有することで、お互いの市場の価格変動のリスクをヘッジする（リスク回避する）ことが可能になるからだ。

株式指数、国債、為替、コモディティといった主要市場で幅広く取引し、適切に資産配分（アセットアロケーション）を行うことが、資産管理の面でも重要になる。これが可能なのが、グローバルマクロ戦略なのである。

ポジショントークの意味合い

ちなみに、ソロス氏などの著名投資家は、あらゆるメディアを使って自身の市場に対する見方や考え方を披露し、さらに投資戦略や自己ポジションまでも披露する。

なぜそうするのか？

それには大きく分けて二つの理由がある。一つは、すでに保有しているポジションを、自身の発言により有利なほうに向かせたいからである。いわゆる「ポジショントーク」である。

ヘッジファンドの思考経路・戦略構築のイメージ

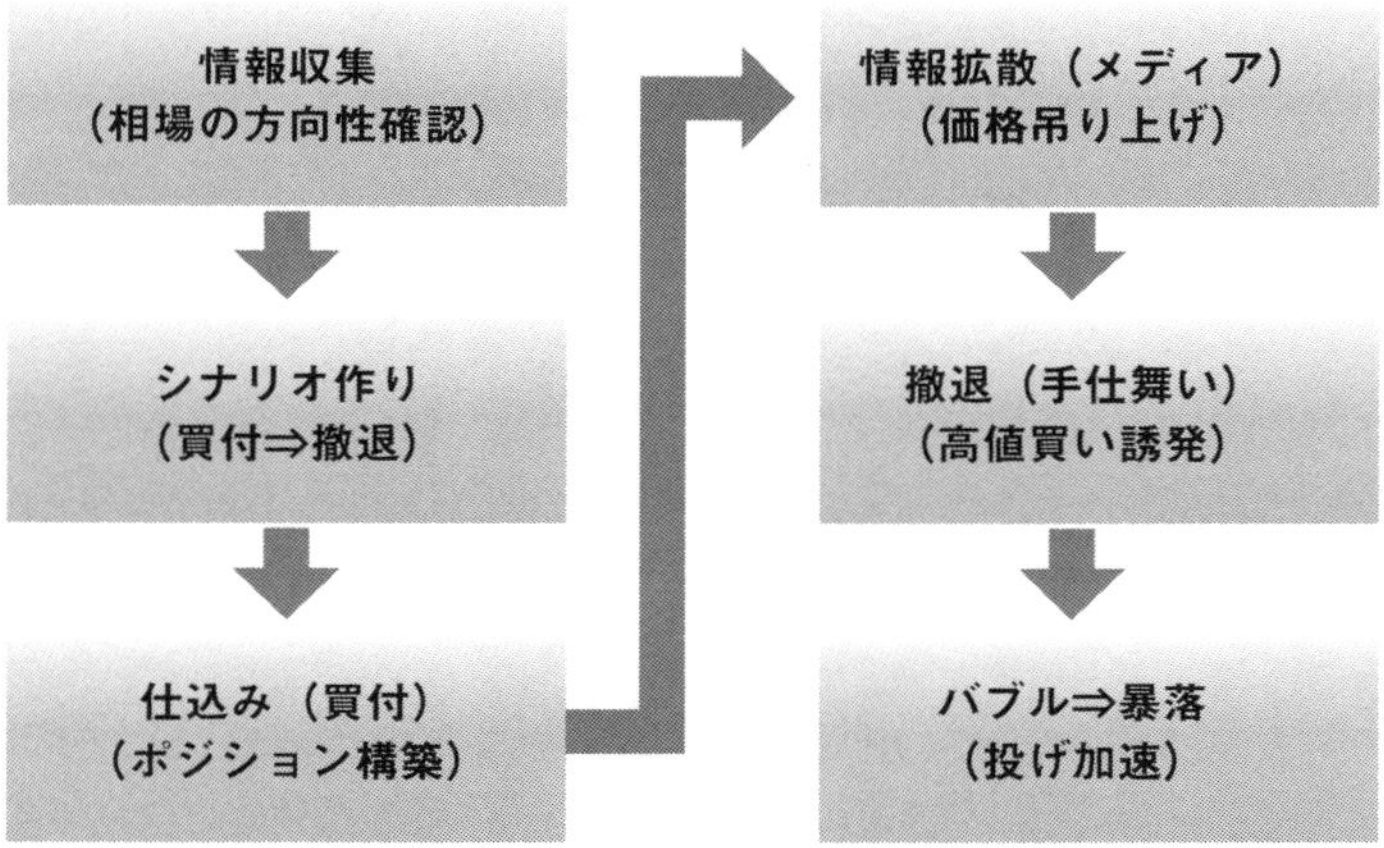

日本では、ポジショントークはあまり歓迎されない傾向がある。日本人の特性や気質によるのだろう。

しかし、米国ではまったく違う。著名ファンドマネージャーは積極的にメディアに出演し、コメントする。そこで自身の市場の見方やポジションを披露し、市場を誘導しようとする。これが常識である。筆者が以前、サラリーマン・ファンドマネージャーだったときに、メディア出演やコメントを求められることが非常に多かった。しかし、会社から発言について厳しく〝制限〟されていた。

またコメントやメディアに寄稿する際にも、自身の相場観を入れないように何度もくぎを刺された。しかし、それは世界の市場の常識からすれば、まったく間違った考え方だったわけである。著名ファンドマネジャーたちも、常に自信満々で自身の相場観やポジションを披露しているわけではない。リスクを覚悟でポジションを取り、不安を抱えながらそのポジションが収益を生むかを案じているのである。

そこで、あえてメディアに出演し、自身の相場観を披露する一方、それに対して市場がどのような反応をするのかを確認するのである。これが、彼らがあえてポジショントークを行う、二つ目の理由である。

いずれにしても、意図的にポジショントークをすることで、市場からさまざまな情報を得ることができる。彼らはとてもしたたかである。

市場が自分の考えている方向に動いてくれることはほとんどない。むしろ、市場がどの方向に向かっているのか、あるいは向かおうとしているのかを知り、それに合わせるほうが得策である。その指針になるのが、著名ヘッジファンドマネージャーの考え方である。

ちなみに、彼らの発言はさまざまな海外メディアで確認することができる。現在では日本語版のウェブページもたくさんあるので、ぜひそれらも見ながら、彼らが何を考えているのかを理解しておくとよいだろう。

グローバルマクロ戦略についての考え方

- 大局を観たうえで、投資すべき資産と売るべき資産を明確にする
- 割高な資産を売る／割安な資産を買う
- 世界の市場に目を配り、収益機会を逃さない
- 市場は向かうべき方向に動く
- 政治面・金融政策にも目を配る
- 歪んだ市場・人為的に操作された市場には収益機会が多い
- 著名ヘッジファンドマネージャーの発言に注目する

第8章

2020年に向けての投資戦略はこれだ！

平穏無事に2020年を迎えることはない

現在の市場構造が出来上がった背景には、リーマン・ショック後の金融政策が大きく影響している。当時の金融危機から経済危機に発展するところに歯止めをかけたのが金融政策であり、政治対応である。

金融政策でいえば、量的緩和という、歴史的かつ大胆な政策を導入し、これを徹底的に行ったことが危機からの脱出につながり、米国景気あるいは世界経済の立て直しにつながったことは、すでに解説した通りである。

しかし、その結果として金利がなかなか上がらないという、過去に例がない状況が長期化かつ常態化し、今度は金利が引き上げられない、あるいは上昇しないという事態に陥っている。

中銀による資金供給が景気を下支えしてきたのは良いが、これがデフレ状態を引き起こす一方、過剰投資や需要不足を背景に余剰となった資金は行き場がなくなり、結果的にリスク資産に向かい、この投資行動が株価を押し上げるという動きにつながったのだ。

安全に運用したい機関投資家などは、米国債の買いに走り、膨大な国債・債券を抱えることになった。しかし、ポートフォリオに占める国債の割合を引き上げにくくなった一方で、リターンも追求しなければならない。

その結果、選択されたのが米国株であり、高配当株であった。しかし、これらはよく考えてみれば、リスク資産であり、本来はリスク管理の面では米国債と〝同列〟に扱うわけにはいかない。このような、セオリーとは異なる発想で行っている投資行動が、最終的に報われることはあまりない。2016年夏場までは、このような構図にあった投資環境が、今後は大きく変化することになるのだろう。それは、決して良い方向ではなく、残念ながら悪い方向にならざるを得ない。

日銀のETFの買い入れの結末も同じであり、その方向性になるきっかけは、米国の金融政策であり、為替政策であった。

さらにいえば、現時点で材料視されていない何かしらの問題である。それがイタリアを含む欧州の銀行問題なのか、中国の過剰設備問題なのかはわからない。いうまでもなく、これだけもすでに大きな問題であり、これらが深刻化した場合には、2016年央のような平穏な市場環境は一変することになろう。

数年に一度は小さなショックが起きており、過去には「100年に一度」と言われていたショックが、最近では「10年に一度」は起きていることを考慮すれば、今後何も起きずに、平穏無事に2020年を迎えることはまずないだろう。

世界的な低金利状況がいつまで続くのかはまったく不透明である。

前例のない環境にあるなか、投資戦略は非常に組みづらい状況にある。しかし、少なくとも、以前話題になっていた、中銀の「出口戦略」といわれる、国債買い入れから市場への売却、あるいは償還した国債で得た資金による資産再購入の停止は、当面は無理である。

当面というのは、数年間の単位である。

それほどまでに、低金利と中銀による資産購入という延命策にどっぷりと浸かった市場は、これらの政策に頼るしかない。いまこれらの政策を止めてしまえば、市場は混乱し、崩壊するだけだ。いや、もしかすると短期間で急激かつ大幅な調整になるかもしれないが、政策をすべてやめてしまったほうが、結果的にそれがのちに転換点になるかもしれない。

しかし、政府・中銀の立場で、そのような判断ができる器の大きな人物は存在せず、またできるはずもない。

円高に対して為替介入の可能性をちらつかせても、なかなか円高が止まらない一方で、介入に関する言及を止めたとたんにドル円が反発するように、日銀もいまの無尽蔵な資産買い入れやマイナス金利政策などをいったん止めてしまったほうが、もしかすると株価やドル円の反転につながるのかもしれない。

けれども、やはりそれは立場的に難しいだろう。であれば、問題は先送りされるだけである。

本来あるべき「円高・株高」の力強い日本になるのは不可能ということになる。

中銀の政策の根本的な考え方が変わらないのであれば、ある程度はこれまでの延長線上で考えることになろう。

もちろん、2020年までの間に市場に変化があった場合や、政府・中銀の考え方や方針が変わった場合には、それに柔軟に対応すべきである。ここは間違ってはいけない。一つの考えに固執するつもりはない。ただし、方向性はあくまで長期的に見ておくことである。このスタンスだけは間違ってはいけないだろう。

円安にすればインフレになるといまだに信じている日銀

「グローバルマーケット」の常識として、金融政策で動かせるのは金利であり、市場に供給する資金の量である。

昨今の市場では、中央銀行の政策で金利が動きづらくなっている面もあり、資金供給などにより市場を刺激するケースが増えている。量的緩和の導入やETFの買い入れなどで、市場への資金供給の経路もさまざまになりつつある。

また、マイナス金利の導入という、これまでになかった政策も日本と欧州では実行されている。一方で、株式を利用して景気刺激・インフレを起こそうとしているのが日銀である。ここまで〝露骨〟な政策を導入すれば、ある意味笑うしかないのだが、逆にいえば、それだけ切羽詰まっているということでもある。

残念ながら、為替は日銀の専管事項ではないため、円売り介入をして直接的に円安にして、インフレにすることはできない。

そのため、日銀はあらゆる手をつかって円安にしようとしている。円安にすれば、インフレになるといまだに信じているようだが、これまでの政策ではむしろ円高にしかならない。

それでも、日銀はこれまでの方針を変更する気はないようである。

日本の銀行がマイナス金利で収益が激減するとクレームするのと同じように、日本国債での運用を基本としていた金融機関や機関投資家・年金基金なども非常に困っており、本来であれば批判の一つもしたいところだろう。

このように、運用対象が絞られるようになれば、他の資産クラスへの影響も出てくる。高い利回りを求めて、経験のない資産への投資を行うようになり、結果的に無用なリスクを取っているケースも少なくないようである。このようになると、行く末は見えている。「低金利バブルの崩壊」である。

2020年までの投資戦略の主軸になる金と原油

2020年までの投資戦略の構築でもっとも重要な認識は、「米国がドル安政策に転換している」ということである。この点を間違えると、すべての戦略の方向性が間違ってしまうことになる。

ドルは対主要通貨で今後7年程度、下落することを大前提に考えることが肝要である。この点は、ドル指数の7年サイクルをみれば、今後のドルのトレンドはある程度想像がつくだろう。今後4年間は、コモディティに注目すべきと筆者は考えている。このような見方をする市場関係者は、現時点ではほぼ皆無であろう。

コモディティは全般的に2008年までの上昇で、歴史的上昇局面は終わっている。筆者もこの点については、認めざるを得ない。しかし、だからといって、価格が上昇しないということではない。

これだけ売り込まれた市場である。底値を固めながら、数年間のうちに一度は大相場が見られるはずである。聞くところによると、海外の著名ファンドマネージャーの一部には、筆者の考えに同調する向きもあるようだ。

グローバルマーケットを見ている人間が、このような考え方になるのは自然なことなのかもしれない。筆者がこのような見方をしている理由の一つに、世界株式指数とコモディティのレシオの動きがある。その点は第4章でも解説したとおりである。

16年前半は明確な基調は確認できなかったが、今後はドル安基調が鮮明になるにつれて、コモディティのパフォーマンスが株式を上回る展開がより顕著になりそうである。

この場合、コモディティが上昇するとしても、2008年までのように、すべての銘柄が買われるというわけにはいかないだろう。


多くの投資家は2008年当時の急騰・暴落を記憶していよう。このような買い方はしないと思われる。そう考えると、金や原油などの主力銘柄への投資が活発化すると考えられる。特に金についてはいうまでもなく、2020年までの主力銘柄になる。ドル安傾向を背景に過去最高値の更新から、さらに高値を目指すと考えている。

また原油についても、今一度、いずれかのタイミングで100ドルの大台を試すのではないかと考えている。この二つが2020年までの投資戦略の主軸になるだろう。

米国株の魅力とリスク

もっとも、株式のパフォーマンスがまったくダメということにはならないだろう。コモディティのほうが株式よりもパフォーマンスがよいとはいえ、株式がマイナスに沈むというわけではない。コモディティが上昇すれば、通常は株式も上昇してくる。

むしろ、主従関係で言えば、株式が主でコモディティは従である。この点を間違えてはならない。では、日米株を中心に考えた場合、どちらのパフォーマンスに期待が持てるだろうか。

それは、答えるまでもなく米国株である。日米の株価や株式市場の違いや特徴を知れば、容易に理解できる。

一つは企業の株価対策である。最近でこそ、日本企業もあらゆる面で株主を重視する姿勢に転換しつつあるが、米国企業は株主に対して直接的というよりも、むしろ株価を意識した政策を取っているといえる。

特に近年の米国の主要500社は利益の5割を自社株買い、3割を配当に使っている模様である。このような株主重視の姿勢を鮮明にし、直接的な株価維持策を講じれば、株価は下げにくくなるのは当然である。

ただし、企業価値を超えた株価水準にまで株価が上昇してしまうリスクがある点には注意が必要であろう。そこには「いかに株価を高い水準で維持するか」がすべてであるかのような姿勢が感じられる。

しかし、それでも投資家から見れば、米国の主要株価指数に連動する投信を購入しておけば、いずれ高値を更新し、リターンを得ることができるという、半ば神話めいた考えが根付いている。このように考える投資家が多ければ多いほど、資金流入は継続し、株価も上昇しやすくなる。

ただし、2016年央には、低利回りを嫌気した資金による株式投資が増加したと考えられている。これは、国債と同等の扱いで高配当の米国株を買うという発想である。

このように、セオリーと違うことをやっていると、いずれそのような投資手法は破綻する。米国株の長期上昇基調を否定するつもりはないが、上昇を繰り返すなかに、さまざまな調整機会が到来するだろう。その際に押し目を買うことができるようにしておくべきであろう。

米国株のリスクとしては、11月8日に決着する大統領選挙だろう。本書の執筆時点で結果は出ていない。共和党のトランプ候補が勝利した場合、大きなリスクがあるとの見方は少なくない。ドル資金が流出し、米国株が下落するようなことがあればドル安・株安のトレンドが強まる可能性もある。

一方、日本では株式を買っておけば、長期的に利益が出るというものではない。その背景には、日本株への投資妙味が相対的に小さいことや、実際に日本株は過去に上昇していないことが挙げられる。つまり、期待感がないのである。

なぜ上場銘柄の多くが、PBRが1倍割れの水準で低迷しているのだろうか。成長性への期待が低いことや、経営者がそのような状況に満足しているからであろう。これでは、投資資金を呼び込むことはできない。株価も上がるはずがないだろう。

このように、多くの上場企業がこのような状況にあることから、これらをまとめた日経平均株価などの指数はなかなか上がらない。そのため、株式指数に連動する投信などを積み立てることによる資産形成は、成果が出づらいのが実態である。

デイトレードやスイングトレードをする短期投資家は別として、ある程度の期間、株式を保有することでリターンを追求する投資家は、株価が割安になったと判断できる機会を逃さないように準備し、実際にその時が来たら実際に投資を行うようなことをしない限り、収益獲得は難しい。

したがって、日経平均株価を使って積み立て投資を行うような場合には、おそらく1万円程度まで指数が下げるのを待って、その後さらに株価が下げても、評価損を気にしなくてもよい水準で買うことを考えるべきであろう。そうすれば、心理的な負担を軽減しながら買いポジションを維持できるだろう。

今後も100円の節目が重要

ドル円について、今一度考えてみたい。

チャートを見ると、非常に興味深いことに気づく。アベノミクス相場が始まった２０１２年12月までに、ドル円は75円の安値をつけた。究極の円高である。そこから3年間、ドル円は上昇し、１２５円を付けるに至った。

第1章でも解説したように、ドル円の上昇局面は3年しか続かない。結果的に、ドル円は3年ちょうどで高値を付け、円安トレンドが終了し、２０１６年に入ると円高トレンドが始まった。

円高から円安までちょうど25円。そして、２０１６年半ばにもみ合った水準が１００円ちょうど。ここには１２０ヵ月移動平均線など、きわめて重要なテクニカル指標が位置していたことや、過去にも１００円という節目に絡む動きが非常に多かったことから、１００円を大きく下回る円高には簡単には行かなかった。

このような動きを受けて、多くの市場関係者から「１００円割れ回避で、再び円安へ」といった見通しが出始めた。しかし、１００円はあくまで65円までの通過点でしかないというのが筆者の見方である。

国債バブルがはじければ円安になるのか？

日本国債のリスクについても注意が必要である。いつどのような要因で金利が急騰するかはわからない。

その際に、為替は円高に向かうのか、それとも円安に向かうのか。市場では、国債バブルがはじけた場合には、円安になるとみているようだが、本当にそうだろうか。リスクオフの際に現時点でリスク回避先通貨である円が買われる状況は、今後も続くだろうか。

数年も経てば、これまでのシナリオや市場同士の関係、さらに市場参加者の一つの事象に対する考え方や見方、捉え方が変わる可能性がある。現状をそのまま将来の見通しに当てはめることはできない。

一方、日本国債が暴落した場合、大量に国債を抱える日銀はどうなるのか。これは、帳簿上はまったく問題が起きないようになっている。というのも、日銀の資産となっている国債は、簿価でしか評価しないからである。

しかし、金融機関はそのようなわけにはいかない。上場企業は常に時価評価で資産価値の算出が求められる。保有する国債の価値が低下すれば、それはその通りに公表しなければならない。

今後、日本の金利が急騰すれば、それは大変なことが起きることは容易に理解できる。もちろん、日銀もそうならないように市場を調整しようとするだろうが、市場のコントロールは日銀といえども簡単ではない。

まして海外要因で金利が上昇すると、歯止めを掛けるのはかなり難しいだろう。このようなリスクは常に存在する。金利が上昇しても、金融機関も投げ売りするわけにはいかないので、相当のショックになることだけは確かである。常に債券先物あるいはＣＦＤなどでショート（売り）ができるようにしておくことが肝要である。

これらの動きを示唆する一つの指標としては、日銀株の動きを見ておくことも、一つのヒントになるかもしれない。

日銀株はジャスダック市場に上場されている。株価推移をみると、アベノミクス相場が始まった直後に急伸した後は、ほぼ一貫して下落している。この動きが何を意味しているのかを説明するのは難しいのだが、その後、つれる形で日経平均株価も下落している。

日銀を一つの企業と考えるのであれば、抱える資産の大半が国債であり、金利上昇リスクがあるとすれば、投資家からすれば安心して買える企業と評価することは難しいだろう。その意味でも、株価動向を見ておくことは、将来の日本の金融市場の行方を先読みするうえでの材料になるだろう。

リーマン・ショック時の安値を下回っているドイツ銀行の株価

これまでは日本の投資家目線で、日本株やドル円に絞って考えてみたが、グローバル投資家が気にしているのは、やはり米国であり、中国である。

さらに、近年では欧州の動向も無視できなくなっている。特に、ドイツ銀行の問題と英国のEU離脱決定は、今後の欧州を大きく揺るがす問題になるリスクがあるだけに要注意である。

2016年に入ると、市場ではドイツ銀行の破綻リスクについて懸念し始めた。ドイツ銀行が自身の実力を超えたビジネス規模に拡大しすぎたことが原因とみられている。

報道によると、2016年初時点のドイツ銀行のデリバティブ想定元本はドイツのGDPの25倍にまで膨らんでいたという。それが本当であれば、万が一破綻した場合には、どのような事態になるかは容易に想像がつく。ドイツ銀行の苦境の背景には、ヘッジファンドの成績不振が関係しているとの指摘がある。そのため、ヘッジファンド投資の解約が進んでいるという。これは、二つの意味で危険な兆候である。

一つは、投資家のマネーが縮小するという点である。より安全な資産を求める可能性があり、国債に資金が流入することになるが、すでに国債には過剰なマネーが流入しており、いったん金利が急騰すれば、極めて危険な状況に陥ることになる。

もう一つは、解約に伴うポジションの解消である。ヘッジファンドは株式や先物などでポジションを持っているが、投資家から解約要求が来た場合、基本的には市場に影響を与えないようにしながら、ポジションの解消を進める。しかし、そのポジションが大きければ、市場への影響は皆無ではなくなる。

また、すでに評価損になっているポジションを解消することになるため、売りが市場に大きな圧力になる可能性がある。結局のところ、ＥＣＢによる低金利政策が金融機関の力をそぎ、結果的に欧州そのものを弱体化させた可能性がある。

またギリシャに端を発した債務危機問題においても、すでに欧州各国はＥＵの枠組みからは逃れられなくなっており、問題が悪化した場合には、結局はドイツが負担せざるを得なくなることも想定される。

量的緩和やマイナス金利など、中央銀行は「壮大な実験」を行っている最中だが、この結果は金利急騰と銀行破綻、さらには国家財政破綻で決着するのかもしれない。

これまでは、金融政策の後ろ盾により、ボラティリティが低下するなか、投資家はもっとも安全と思われる米国株を買い上げてきた。しかし、このような楽観した状況がどの程度続くかは不明である。ドイツ銀行の株価は、リーマン・ショック時につけた安値を下回っている。これで何も起きないと考えるほうがむしろ難しいだろう。

高まってきたＥＵ解体リスク

ＥＵの関連でいえば、英国のＥＵ離脱がこの問題に拍車をかける可能性がある。

6月23日の英国の国民投票の結果は、世界に衝撃を与えた。離脱決定直後こそ、市場は混乱したが、その後は忘れ去られたような静けさである。

しかし、これがのちに歴史的な転換点になることは確実であろう。離脱直後はポンドが過去30年でもっとも安い水準にまで下落したが、ポンド安が輸出企業に恩恵を与えるとの見方からFT100は年初来高値を更新する動きとなった。

これを受けて、離脱の影響はなかったとの見方が広がった。しかし、EU離脱により、英国の主要産業である金融業界が実際に英国から脱出するかは、きわめて大きな問題になる。

EUに加盟しているうちは、金融機関はロンドンで金融業のライセンスを取得すれば、ほかのすべてのEU加盟国で同時にビジネスができる仕組みになっていた。しかし、離脱すれば、このモデルは破綻する。そのため、すでに大手金融機関は拠点をロンドンのシティから、パリやフランクフルトへ移転する準備をしているという。

しかし、前述のドイツ銀行の問題が現実のものになった場合、わざわざ火の粉が飛ぶEUに移っていくだろうか。これは非常に不透明である。

また、EUの金融・財政問題が拡大すれば、EU加盟国が離脱に向けた国民投票の実施を加速させるかもしれない。そうなれば、EUそのものの破綻につながることも想定される。

その可能性は、実際にはそれほど低くはないのではないか。EU加盟各国のなかで、EUを支持しない人は少なくなく、ギリシャやフランスでは半数を超えている。ドイツやスペインも半数近い。また最近加盟した国においても、不支持は決して少なくない。

薄氷の上を歩くEUが一気に破綻する可能性は十分にあるのではないか。万が一、EUが無秩序な解体プロセスに入るとすれば、世界経済にまったく影響がないということはあり得ないだろう。

本来はEUをしっかりと管理し、正しい方向に導くべきドイツが、前述のような背景により、疲弊し始める可能性がある。移民受け入れに伴うコストの上昇で、いまは問題がない財政への負担が懸念される可能性もある。

またEUの命運を握るドイツとフランスが同じ方向を向いているとも考えにくい。両国の仲介役だった英国がいなくなったいま、解体リスクは以前にもまして高くなっている。この問題は、今後数年間のうちに何かしらの決着を見るだろう。世界の最大のリスクの一つとして、常にその動向を注視していく必要がある。

30年サイクルでピークを経験してきた日本株

2020年までの長期で見た場合、現在のサイクル面での位置づけはどこにあるのだろうか。日本株の戦後から現在まで大幅な株価上昇局面は4回あったと考えられている。

1950年代前半（朝鮮戦争特需）、1950年代後半（神武景気から所得倍増計画）、1970年前後（いざなぎ景気や列島改造論）、1980年代後半（バブル景気）が挙げられよう。このように、期間を見ると、おおむね10年前後で大きな波が来ていることが分かる。

しかし、バブル経済の崩壊により、日本株はその後、上昇する局面もあったが、あくまで単発的であり、結局は「失われた20年」を過ごすことになった。なかには、20年の経過をもって、「上昇基調にトレンドが転換した」と指摘する向きもある。

過去のように、高度成長モデルを背景とした株高は想定しづらい。日本はすでに成熟国家となった。人口動態でみれば、むしろ衰退国家といってもよいかもしれない。これは言い過ぎとしても、昔のような途上国型の経済成長モデルを期待できるわけもなく、これまでのような輸出主導型の経済が日本を牽引することは困難になりつつある。

このような状況で、金融政策を使った円安・株高を誘導し、インフレを起こして景気・経済を活況に導こうという政府・日銀の政策が正しいといえるのだろうか。資産価格を引き上げ、それにより実体経済を上向かせようという〝発想〟は、まさにバブルそのものである。

そうすると、日本株を投資の主軸に置いてよいものかどうか、考えざるを得ない。1989年の資産バブル時の株価のピーク時に投資を始めた投資家は、現在においても損失を回復することができていない。これはとても残念な〝事実〟である。

ちなみに、1919年の第一次世界大戦時のバブルの末期に株式を購入した投資家が損失を回復するのは、約30年後の朝鮮戦争の前後だったとの試算がある。このように考えると、日本株には30年のサイクルがあるのかもしれない。

つまり、1920年から30年後の1950年に損失が回復できたのと同様に、1990年のバブル崩壊前後に投資をした投資家は、30年後の2020年にその損失を回復できるのかもしれない。

そう考えると、日経平均株価の底値を確認してから2020年に向けて、4万円まで上昇するというシナリオも描けなくはない。このように考えると、今後数年間の大きな押し目は、将来に向けての買い場ということになる。

イノベーション格差で低迷する日本株

長期トレンドの変化を確実にとらえるのは困難であり、これらの見通しも一つのアイディアでしかない。

しかし、過去の歴史を振り返ると、大きな転換点になったときには、その多くのケースで戦争が起きている。いまの言葉でいえば、地政学的リスクの台頭といってもよいだろう。

前述のように、日本株の上昇には、第一次世界大戦や朝鮮戦争などが株高のきっかけになった過去がある。現在でも、日本の周辺でも地政学的には緊張感のある状況にある。世界的にもテロが頻発するなど、あらゆる地域で危険な状況が見られる。昔のように、戦争に発展する可能性は低いものの、軍事行動を伴う何かしらの動きが見られれば、それが株式市場にどのような影響を与えるのか、常に注意しておく必要はあろう。

長期トレンドの変化という観点では、やはりイノベーションの観点は外せないだろう。いうまでもなく、日本を含む世界経済の成長の陰には、産業構造の変化が見られた。以前であれば、軽工業から重工業へのシフトや、自動車や鉄鋼産業の拡大が挙げられる。その後はエレクトロニクス分野の拡大があった。２０００年前後からはソフト・知識産業、さらに情報技術関連が主軸になっている。

しかし、残念ながら、日本はこのトレンドに乗れず、現時点でも低迷しているという位置づけにある。これが株価低迷につながっている可能性もあろう。

イノベーションが常に起きる米国と、そうでない日本の株価のパフォーマンス差は歴然としている。このような、新たな産業へのシフトの動きは、バブルを生み出すことから、株価が急伸することが多いのだ。

過去の歴史を見ても、１８００年代の英国や日本の鉄道株バブル、１９００年代初めの米国や1960年代から70年代にかけての日本の自動車株バブル、1980年代のハイテク株バブル、2000年のインターネット・バブルなどがある。このようなイノベーションの波をいち早くとらえ、それに乗ることでバブル経済を収益に変えることができるのである。

現在の米国がそのような状況にあるかは不明ではあるが、どんどん新しいイノベーションが起きていることを考慮すれば、すでにその波が来ているのかもしれない。

本書は2020年までの比較的短い期間に関する戦略を考察するものだが、より大局的な動きを考慮すれば、もしかするとすでに長期投資のチャンスが到来しているのかもしれない。

金融拡大の最終局面で起きること

日本株については、おおよそ20年ごとに大きなサイクルが来ていることを考えると、リーマン・ショック後から12年までにつけた日経平均株価の8000円前後が大底圏となり、今後は上下動を繰り返しながら、高値を試すのかもしれない。

この安値水準の8000円と2015年の高値水準である2万円の半値である1万4000円から1万2500円あたりまで下げることがあれば、そこは長期的な投資機会になりそうである。

第2章の日経平均株価の見通しでは、円高基調の継続を前提にかなり悲観的に見ている。最悪のケースでは1万円の大台割れもあり得るのかもしれないが、前述のような水準があれば、徐々に買い下がるのが現実的であろう。

現在は、需要不足を背景とした金利の低下が過剰マネーを生み出し、これがあらゆる資産に向かっている状態である。実需に基づかないマネーが投資先を求めて市場を旋回しているのが現状であろう。

2016年央時点では、著しい金利の低下は起きておらず、金融拡大の最終局面ではないように思われる。

しかし、金融拡大の最終局面では、著しい金利低下が起き、投資収益も大きく低下するだろう。この局面がくれば、この枠組みは破綻し、崩壊を伴った金融クラッシュにより、リセットされることになる。その結果、金利は一時的に急騰することになろう。

しかし、現在はインフレになりづらく、このようなシナリオは想定されていない。

繰り返すように、現在の金融緩和状態は、2008年のリーマン・ショックの処理に伴う緩和策が背景にある。経済は立ち直ったように見えるが、需要がないため、異常な低金利はいまも続いている。

本当の危機が起こるのはむしろこれからであり、新しいサイクルが到来するのはそのあとなのではないかと考えられる。根拠のない悲観論を講じるつもりはないが、どうもそのように感じるのである。

上昇相場は緩く下落相場は速い

一方、最近の市場は、さまざまな短期的な材料にきわめて敏感かつ大きく反応する傾向が強まっている。

米雇用統計や日米の金融政策などへの市場の感応度は、数年前に比べて明らかに高くなっている。そのため、個人投資家からは「毎月、毎週のように重要な材料が出てくるので、いつ投資すればよいのかわからない」といった悲鳴に似た声が上がっている。

日銀金融政策決定会合の決定内容の発表時間によって、その前から相場が大きく変動したり、米雇用統計の発表後に為替が激しく上下動する。日銀金融政策決定会合などは、いまや「金融政策祭り」と化しており、アルゴリズム取引やＡＩ（人工知能）を利用してトレードするファンドなどの格好のイベントになっている感もある。

彼らは、ニュースのヘッドラインを頼りに機械的に判断するため、決定内容を詳しく見る前に動き出す。内容を読み込む前に相場が動き出せば、一時的にストップロスなどを巻き込んで、相場は大きく変動する。

グローバルマクロ戦略のイメージ

資産	注目ポイント・テーマ	中長期のトレンドイメージ	投資戦略
米国株	企業業績伸び悩み、自社株買いによる割高感、大統領選挙	横ばい／上昇	中立／買い
日本株	円高、日銀ETF買いによる割高感、アベノミクス深化	下落	売り
欧州株	通貨安を背景とした高値維持	横ばい／下落	中立
米国債	低金利による資金流入、金利押し下げ	横ばい／下落	中立
日本国債	マイナス金利の深掘り、金利低下余地模索	横ばい／下落	中立／売り
ドル円	円高基調の継続、安全資産としての買い需要、ドル安政策	長期下落	売り
ユーロドル	金融緩和継続、デフレ傾向、ドル安政策	上昇余地	買い
ポンドドル	EU離脱の影響、利下げ余地	下落余地	中立／売り
豪ドル	相対的高金利、利下げ余地	レンジ／上昇	中立／買い
金	世界的低金利、リスク回避、ドル安	長期上昇	買い
原油	供給過剰感、米シェールオイル増産、ドル安	底値確認／反発・上昇	中立／買い

これは日銀の発表の仕方などにも問題があるのだが、いずれにしても、時代は大きく変わったといえる。一方で、これらの動きは、少しスパンを長めに取り、大局的に見れば、あくまでノイズでしかない。

市場というのは、上昇相場はゆっくり、下落相場は速い傾向がある。下落相場のほうが、大衆心理が素直に反映されやすい傾向があるためだ。

そのため、プロの投資家は下落相場で収益を狙う。下落相場では大衆心理が負の方向に働き、短期間で大きな下げになるため、短時間でより大きな収益が見込めるからである。「下落相場が取れれば一人前」と呼ばれるのも、そういうところが影響しているのかもしれない。

しかし、10年あるいはそれ以上の期間で投資を行う長期投資家にとって、日々の株価変動に一喜一憂する必要はない。むしろ、5年・10年という長期スパンのトレンドをどのように理解し、判断するのかが重要である。

繰り返すが、現在の市場において重要なポイントは、やはり金利動向である。現在の低金利状態がどのような形で解消されるのか、それとも解消されずに新しいフェーズに入っていくのか。ここが市場の大きなターニングポイントになると思われる。

常に長期的な視点を失わずに、金利動向とそれを反映するマネーフローを注視しながら、日々の市場動向にも目を配りながら、投資判断を行いたいものである。

2020年までの投資戦略についての考え方

- 長期的視点を忘れないようにする（ノイズに左右されない）
- 大局が変わるタイミングに注意する（政治・金融政策）
- ドル安基調が今後数年間継続することを大前提とする
- 金利動向が重要であり、「低金利バブル」の崩壊リスクに注意する
- コモディティ市場に注目し、投資対象の主軸に置く
- 金市場に最大の関心向けるようにする
- 株式投資は米国株を中心に考える
- 円高基調の継続と日本株の調整リスクを念頭に入れる
- 政治リスクの増大に注意する（米新大統領の誕生、EU崩壊リスク、北朝鮮リスク）
- 金融政策の限界を利用することを考える（量的緩和策の限界⇓金利上昇リスク）

おわりに

株式市場からコモディティ市場へ

　商社を皮切りに、さまざまな会社や立場で市場動向を見るようになってから、すでに25年が経った。商社・外資系企業に在籍したさいには、銅の現物取引を行い、世界各地を訪問した。その後は業務の中心を市場分析にシフトし、コモディティを中心に投資戦略の立案などを行った。2003年には原油高騰を世界に先駆けていち早く予測し、市場から高い評価をいただいた。その翌年の2005年には拙著『勝つ投資』(ビジネス社)において、2008年のコモディティ高騰予測を示し、想定通りの展開になった。

　そして2015年夏ごろには、2016年のドル円の急落と日本株の調整見通しを示し、その考え方を各所で披露してきた。結果的にドル円の天井をピンポイントで指摘しただけでなく、安値の水準もおおむね想定した通りになった。

　このような重要なトレンドの転換を見極めるには、過去のサイクルやパターンの分析が欠かせない。それを知っているか知らないかの差が、分析結果の差となって表れるのである。筆者はコモディティ市場を出発点としていることから、かなり柔軟な発想で市場分析ができると考えている。したがって「円高はおかしい」とか、「株価は必ず上昇する」といった、偏った見方をすることはない。あくまで市場動向と過去のデータ次第である。

コモディティ市場では「必ず上がる」といった偏った見方をすることは危険である。運用も先物市場で行うのが基本で、下げ相場を得意とするほうがむしろ優位なほどである。2016年は主戦場とする市場の違いにより、相場の見方が大きく異なり、その結果もまた違うものになった典型的な年だったといえる。これまでの数年間は株式市場が主役だったが、今後はコモディティ市場になる。数年後には需給は必ず逼迫する。

いまの安いうちに仕込めるかどうかが、今後数年間のリターンに大きく影響するだろう。現在は、株式偏重の投資方針を見直す絶好の機会である。本書がその手助けになれば幸いである。

筆者

［略歴］

江守哲（えもり・てつ）

エモリキャピタルマネジメント代表取締役。
1990年慶應義塾大学商学部卒業後、住友商事に入社し、非鉄金属取引に従事。英国住友商事（現欧州住友商事）に出向しロンドンに駐在。その後、当時の世界最大の非鉄金属トレーダーであるMetallgesellschaft Ltd.（ロンドン本社）に移籍し、唯一の日本人として非鉄金属取引を極める。三井物産子会社では「日本で最初のコモディティ・ストラテジスト」として活躍。投資顧問会社においてチーフファンドマネージャーを務めたのち、エモリキャピタルマネジメントを設立。運用業務を行う傍ら、株式・為替・債券・コモディティ市場の情報提供や講演、テレビ・ラジオ出演を行っている。2001年より執筆を続ける「江守レポート」は3450号を数える。著作に『ロンドン金属取引所（LME）入門』（総合法令出版）、『勝つ投資』（ビジネス社）、共著に『コモディティ市場と投資戦略』（勁草書房）などがある。
エモリキャピタルマネジメント
http://www.emoricapital.com/
現在、メールマガジンを発行している。
詳しい内容は以下のサイトで確認できる。
「リアルトレーディングストラテジー」（毎営業日発行）
http://fx-on.com/adviser/detail/?id=8592
「225オプション　リアルトレーディング」（毎営業日発行）
http://fx-on.com/adviser/detail/?id=8955
「「投資の哲人」～ヘッジファンド投資戦略のすべて」（毎週発行）
http://www.mag2.com/m/0001672348.html

編集協力／鈴木雅光　加藤鉱

1ドル65円、日経平均9000円時代の到来

2016年11月1日　　第1刷発行
2016年12月1日　　第2刷発行

著　者　江守 哲
発行者　唐津 隆
発行所　株式会社ビジネス社
〒162-0805　東京都新宿区矢来町114番地 神楽坂高橋ビル5F
電話　03(5227)1602　FAX　03(5227)1603
http://www.business-sha.co.jp

〈装幀〉中村聡　〈本文組版〉エムアンドケイ　茂呂田剛
〈印刷・製本〉中央精版印刷株式会社
〈編集担当〉本田朋子　〈営業担当〉山口健志

ISBN978-4-8284-1916-9

ビジネス社の本

日銀の金融政策は、なぜ効果がないのか？中央銀行がわかれば世界経済がわかる

増田悦佐……著

定価　本体１４００円＋税

ISBN978-4-8284-1906-0

「マイナス金利」「異次元緩和」で日本経済は崩壊する！

通貨と金利を支配する利権集団Ｆｅｂ、ＥＣＢ、日銀は不要‼　日銀（日本の中央銀行）と世界の中央銀行はいったいどのような組織なのだろうか？　素朴な疑問１００！

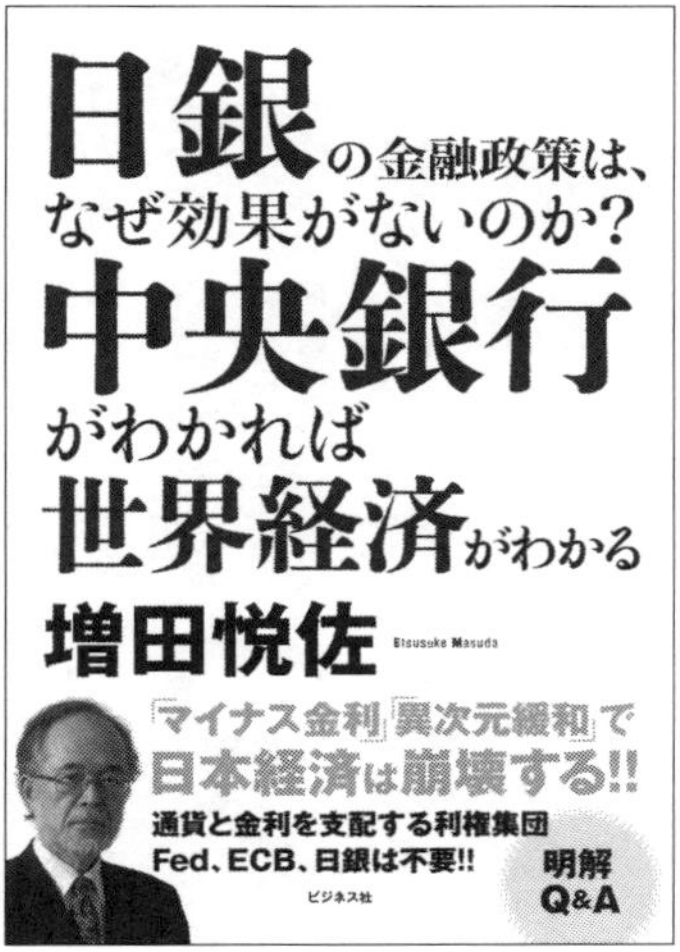

本書の内容